冷戦大恐慌どうなる世界経済

仁義なき企業戦争、生き残るのはどこだ

渡邉哲也
Watanabe Tetsuya

ビジネス社

冷戦大恐慌　どうなる世界経済

目次

第1章

「TECHWAR（技術戦争）」の未来図

米国、中国排除の全メニュー　14
怒涛のような米国の制裁発動　20
テックウォーの主戦場は半導体　23
半導体のシェア上位を占める米韓メーカー　26
次世代技術で存在感を示す日本企業　28
中国の国策半導体メーカーの実力は？　30
世界最大手の台湾ファウンドリーには歯が立たない中国勢　33
日本企業がひしめく半導体製造装置と材料　36
日本企業はユダヤ商法を見習え　39
企業潰しのモデルケースにされたファーウェイ　41
日米連携が最強の道　44

ファーウェイのクラウドも規制対象に 46
断末魔のファーウェイを見捨てる日本企業 48
新冷戦は企業内にベルリンの壁 50
世界の通信から中国を徹底排除する「クリーンネットワーク」 52

第2章 GAFA vs. BAT vs. 日本企業

GAFAは「公益事業者」 58
AIでしのぎを削るGAFA 62
中国市場の強みをもつBAT 65
AI市場を開発力で勝負する日本勢 68
ビッグデータ市場を席巻する中国 71
クラウド3強はゲームでも激突 74
データセンターでも市場を奪い合う米中企業 78

ビッグデータの長期的な価値に強みを持つ中国　80

第3章 ビッグテックに逆襲する国家

日本にとって一番の破壊力はアマゾンか？　84
ＧＡＦＡの脅威から大企業も合併　86
「支配的地位乱用」の実態　89
対エピックでみえたアップルの本性　92
中国にすり寄ろうとしていたＧＡＦＡ　95
ＧＡＦＡを生み出した民主党・クリントン政権の闇　98
企業発大恐慌の恐怖　101
銀行化するビッグテック　103
ＧＡＦＡが助長した超格差社会への怒り　106
親中企業を批判した米司法長官　108

国家につぶされるＧＡＦＡ帝国　111

第4章 新冷戦の世界地図

世界中で激突する米国と中国　116
南シナ海が〝戦場〟になる可能性　120
中国対外融資が膨張し強まる支配力　121
ＡＳＥＡＮが脱中国できない理由　123
欧米の価値観と衝突する国家を取り込む中国　126
成功した中国の中東全方位外交　128
北極圏の地下資源争奪戦　130
「制宙権」めぐり激化する攻防　132
ワクチン外交で先頭に立つ　133
冷戦に備えた中国を日本も見習え　136

第5章 対中国の最前線に立つ台湾

高まる台湾の地政学的重要性 140
加速する台湾の脱中国 141
民主化で闘い続けるチェコと台湾のきずな 143
中国と最前線で戦う台湾を世界が後押し 145
米国が香港政府幹部に金融制裁 149
総領事館閉鎖という戦争寸前の異常事態 151
事実上の宣戦布告がでた 153
英連邦もインド太平洋で日米と中国包囲網 154
中国と全面対決に臨むインド 158
ついに脱中国へ動くドイツ政府 159
日本政府は中国ではなく共産党が「敵」と明言せよ 160

中国を平和的につぶすカギをにぎる台湾　164

第6章 中国と共倒れする日本企業

共産党の世界支配を確立する法体系　168
排除されてもしたたかな中国企業と欧米企業　171
3万社超、どうなる日本の中国高依存企業　173
中国撤退のジレンマ　177
企業の脱中国を後押しする日本政府　179
投資家としての孫正義氏の虚像　182
迷走するソフトバンクG　184
ソフトバンクは非上場に向かうのか　188
中国と共倒れ構造のソフトバンクG　192
中韓に奪われた市場を取り戻せ　194

第7章 新冷戦で復活する日本経済

産業スパイでないことを証明せよ 198
米国で立て続けに摘発される中国人スパイ 199
世界の先進国では常識の「セキュリティ・クリアランス」 202
ティックトック使用に警告を発したルール議連 205
孔子学院も排除 208
中国人研究者を追い出さなければ大学でPCが使えなくなる 209
中国からの不正な資金を排除するマイナンバー 211
輸出管理強化を提案する日本政府 213
コロナ禍、日本企業の苦境 215
世界経済も大停滞 218
コロナ後のピンチはチャンスになる 220

コンビニと商社が示す日本企業の強み　222
NTTとドコモの合併は「6G」に向けた世界戦略　226
強い日本への転換期　229

あとがき　中国とのビジネスは終わった　231

掲載中国企業リスト　237

第1章

「TECHWAR（技術戦争）」の未来図

米国、中国排除の全メニュー

世界は米中の覇権をかけた一触即発の「新冷戦」に突入し、あらゆる分野でのデカップリング（切り離し）が急速に進行しています。日本政府および日本企業が生き残るためには米中両国の法律を把握しておく必要があります。

第二次世界大戦で覇権《はけん》国家になった米国は、さまざまな分野での国際ルールをつくり、ドル決済と金融を利用し、世界にそのルールを守らせてきました。中国はその国際ルールに歯向かい、中華思想を剥き出しにした紅い帝国主義を世界に押し付けようと挑戦している、というのが基本的な構図です。

米国と中国、同じ帝国主義のように見えますが（またそのように報じるメディアや識者もいますが）、その最大の違いは「覇権」と「支配」です。覇権（ヘゲモニー）は絶対的強国がルールをつくり、他国もそのルールに参加することで、参加者も利益を得られる仕組みです。それに対して、支配は力により他国を押さえつけ、自らの利益のために搾取する仕組み、同じように見えてまったく異なる概念です。ともにその前提には力（軍事力）が存在しますが、その使い方が違うわけです。

中国は国際ルールに従うとして、我々西側自由主義社会に入ってきました。しかし、それを守らず自らのルールを他国に押し付けようとしている。ならば、我々西側社会から排除する必要がある。米国が行っているのは排除のプロセスであり、ルール違反に対する制裁です。

では、制裁の経過を追うまえにひとまず中国制裁の根拠となる米国法を整理しておきましょう。

国家の交流はヒト・モノ・カネの移動で成り立っているので、これを止めることが「排除」ということになります。したがって、制裁もヒト・モノ・カネで分類すれば整理できます。すなわち、ヒトの面ではビザ（査証）や共同開発の停止、モノは関税や輸出管理、カネは金融制裁です。

コロナ禍だから出入国を禁止するのは当然のように思えますが、本来ヒトの移動を制限するというのは究極的です。米国ではビザ発給停止のほかに財務省のインテリジェンス機関である外国資産管理局（ＯＦＡＣ）による「国際緊急経済権限法（ＩＥＥＰＡ法）」により中国人の入国の禁止や米国国内での経済活動を制限・排除できます。もっとも、ＩＥＥ

ＰＡ法はヒト・モノ・カネにまたがる全般的な制裁措置であるため、対テロなど国防や経済への特殊な脅威が生じたさいに、米国政府が特定の国や地域に対して「輸出」だけでなく、輸入、金融サービスなどの全面的な禁輸措置もできます。これは大統領令で発動でき、**華為技術（ファーウェイ）**には適用されてきましたが、共産党幹部にまで拡大するかどうか。これをかけるとトランプ大統領は中国を脅しているのです。

モノは商務省の産業安全保障局（ＢＩＳ）が管轄する米国輸出管理規則（ＥＡＲ）です。もともと冷戦時代の輸出管理の名残ですが、２０１８年これを再び強化する法律である米国輸出管理改革法（ＥＣＲＡ）が成立し、現在、再び輸出管理を厳格化する方向で動いています。国際ルールでいえば、冷戦時代の輸出管理体制が対共産圏輸出規制（ＣＯＣＯＭ）、冷戦終結により緩やかな規制に変化したのがワッセナー・アレンジメント（ＷＡ）となります。米国はワッセナー・アレンジメント参加国に、輸出管理厳格化を求めており、米国のＥＣＲＡへの対応を求めています。このため、ＥＣＲＡは「新ＣＯＣＯＭ」とも呼ばれるわけです。

日本でも米国の要請などに応える形で、米国に先行し２０１７年に外為法が改正され、輸出管理が強化されました。２０１９年に話題になった韓国との間の輸出管理の問題は、国際ルールを守るという話であり、単なる二国間の問題でも韓国への制裁でもありません。

その上で、米国の安全保障・外交政策上の利益に反する、または大量破壊兵器の開発等に関与した団体・個人のリストが「エンティティリスト（ＥＬ）」です。ＥＬ対象者と取引をするなど、重大な違反行為を行い輸出取引権限をはく奪されている個人・企業・機関が掲載されるのが、「ＤＰＬリスト」になります。

ＥＬはもちろんＤＰＬに指定されるということは、実質米国の市場から締め出されることを意味し、そのリスト対象者との取引は、米国からの二次的な制裁対象になります。つまり、取引が判明した場合、米国と取引できなくなるだけでなく、世界中の企業や団体と取引できなくなるわけです。

このため、日本の企業や大学が米国製品を再輸出するさいは、ＥＬとＤＰＬを必ず確認する必要があるのです。

カネは前述の財務省ＯＦＡＣの「ＳＤＮリスト」になります。このリストに掲載されると、即時に世界中の金融機関の口座（銀行、証券等）が凍結、または廃止され、すべての金融取引ができなくなります。世界の資源決済のほぼすべてがドル取引であり、国際貿易の多くがドルを介して行われています。米国銀行と取引できなくなるということは、ドル決済できなくなることを意味します。そして、各国の国内銀行も該当者と取引すれば二次的制裁でドル決済ができなくなってしまいます。このため、日本を含む世界中の金融機関がこのリストに従います。

また、このリストには企業や個人名だけでなく、国や組織団体なども掲載されます。このため、イランや北朝鮮への制裁にも利用されています。ほかにもこのリストに総称として掲載されることもあります。典型的なのが日本のヤクザであり、「YAKUZA aka BOURYOKUDAN」という形で組織全体と構成員を指定しています。これはテロ組織なども同様です。

それ以外にも2018年、米国は外国の企業からの買収を厳格化する法律も策定しました。これは外国投資リスク審査現代化法（FIRRMA）であり、対米外国投資委員会（CFIUS）の権限を強化するものです。米国の場合、外国企業や外国人が安全保障上重要な米国資産（土地や株式など）を購入する場合、CFIUSによる審査を受ける必要があります。

これを厳格化し、敵対的国家（主に中国）による買収を防止することができるようにしたわけです。２０１９年、日本においても米国に連動する形で外為法が改正され、特定分野の企業の買収には厳しい審査が必要になりました。また、コロナ問題により、ハイテク分野だけでなく医療分野などにもこれが拡大しています。

米国は他にもさまざまな法律を適用し、安全保障上重要と思われる対中戦略を強めています。

なお、中国はこのような米国を世界貿易機関（ＷＴＯ）の自由貿易協定違反と批判していますが、そもそも論として、ＷＴＯは米国がつくったものであり、米国はＷＴＯの重要な決定における単独拒否権を保有しています。また、その歴史的経緯（冷戦）から、安全保障は対象外としており、安全保障理由であれば規制が許される仕組みになっています。しかも米国はＷＴＯの審査機関であり一種の裁判であるパネルの上級委員（定員７）の任命を拒否しており、パネル設置に必要な上級委員３名を確保できない状態になっています。すでに、残り１名（11月に任期切れ）であり、提訴しても、パネルを開くこともできないのです。

怒涛のような米国の制裁発動

それでは、米国の対中国における制裁の経緯を追っていきたいと思います。特に6月末の「香港国家安全維持法」の成立と一国二制度の一方的破棄により、7月以降米国の対中制裁が矢継ぎ早に発表されたので、それをまとめておきたいと思います。

2019年8月、規制の第1弾として、2019年度国防権限法により通信機器大手の**華為技術（ファーウェイ）**と**中興通訊（ZTE）**、監視カメラの**杭州海康威視数字技術（ハイクビジョン）**と**浙江大華技術（ダーファ・テクノロジー）**、特定用途無線大手の**海能達通信（ハイテラ）**の5社の製品の政府調達を禁止しました。

同年10月には米商務省BISが中国の新疆ウイグル自治区でのウイグル人やイスラム教徒に対する人権侵害に関与しているとして、自治体公安当局や監視カメラ大手のハイクビジョンやダーファ、人工知能（AI）を用いた顔認証技術などを開発する**センスタイム**、**メグビー**など28団体をELに追加しています。

翌20年5月22日に中国の政府系団体やセキュリティソフト開発の**奇虎360**や、AI技術を手掛ける**達闥科技**など24組織体をＥＬに追加し、それにくわえ同26日にも新疆《しんきょう》ウイグル自治区での人権侵害を理由に中国公安部の関連組織９団体も追加しました。６月18日には「２０２０年ウイグル人権政策法」にトランプ大統領は署名しています。諮問機関は国務省と財務省、商務省、国土安全保障省で構成し、これを強化するものです。

そして、国防総省は24日付の議員宛て書簡で、「米国で活動している共産主義中国の軍事企業」リストを発表しました。

また、５〜6月には、米税関・国境保護局（ＣＢＰ）が、同自治区に所在する一部企業の髪製品（かつらやウィッグなど）が刑務所での長時間労働などに基づく強制労働により生産されたとして、同製品に対する輸入差し止め措置をしています。

前述のようにトランプ政権は7月に入り、新疆ウイグル自治区での人権侵害への対抗措置を矢継ぎ早に発表しました。

１日には人権侵害状況を精査する諮問《しもん》機関を立ち上げると、９日には中国共産党幹部らを制裁対象に指定し、15日には人権侵害に加担しているとしてファーウェイなど中国企業社員への米入国ビザ制限を発表しました。

また、20日にはＢＩＳが中国の同地区での少数民族に対する人権侵害に関与しているとして、新たに中国企業11社をＥＬに追加すると発表しています。

８月６日、米財務省は米株式市場保護の規制案を発表し、基準を満たさない中国企業の上場廃止に動きました。

８月13日からは国防権限法による制裁として該当５社製品を使用する企業と米政府との取引が禁止されました。19年の国防権限法は政府調達だったのが企業にまで拡大されたかっこうです。

26日、ＢＩＳは、南シナ海で中国政府による軍事拠点の建設を支援したことを理由に、**中国交通建設（ＣＣＣＣ）**の５つの子会社などを含む、主にインフラ分野の24社をＥＬに追加すると発表しました。

そして、９月15日はファーウェイへの猶予期間の終了とともに輸出規制が発効し、25日には香港問題で香港の特別な地位が剥奪されました。

このようにざっとみただけでも、米国が目まぐるしく中国に規制をかけていることと、その本気度がわかります。

私はメルマガを発行していますが、米国が毎木曜日に発表する中国に対する新たな規制や規制方針が毎週のように強化され、情報更新が追い付かない状態が続いていました。

国防権限法にしてもＥＬにしても、ようするに中国へのヒト・モノ・カネの流れを止める措置であり、つぎの覇権を握るうえで、カギとなる技術戦争――「ＴＥＣＨＷＡＲ（テックウォー）」という側面が強いのです。したがって、米中対立を把握するためには、テックウォーの実態を知らなければなりません。そしてそれはいうまでもなく、日本も当事国であるということです。

テックウォーの主戦場は半導体

現在の米中テックウォーの主戦場は半導体です。銀行ＡＴＭや電車の運行、インターネット・通信などの社会インフラも、その中枢は半導体によって支えられています。次世代通信規格である５Ｇの一翼を担うファーウェイのスマホも基地局も、半導体がなければ成り立ちません。だからこそ、米国はファーウェイをつぶそうと矢継ぎ早に制裁をかけているし、中国は半導体製造の内製化を図ろうと角逐《かくちく》しているのです。

半導体市場は国内で約４兆円、世界で44兆円を超える規模があり、コロナ禍によりテレワークが拡大し通信量が増大したため、データセンター向け半導体は好調です。

半導体製品は大きく分けて、「ロジック半導体」と「メモリー半導体」があります。前者で一番代表的なのは「ＣＰＵ」（中央演算処理装置）で、コンピュータにおける中心的な処理装置（プロセッサ）です。ＣＰＵはよく頭脳にたとえられ、その良し悪しでパソコンの処理能力の速さが決まるわけです。

また、ＣＰＵと同じようにパソコンの処理能力のうち画像（グラフィックス）を担うのがＧＰＵ（グラフィックス プロセッシング ユニット）です。高画質機能が必要となる３Ｄグラフィック、３Ｄゲームなどは、ＧＰＵの処理能力の大きさがポイントです。

少し紛らわしいですがＣＰＵと同じようなものに「ＳｏＣ（System on a Chip）」があります。これはスマホやタブレットを動かす頭脳ですが、ＣＰＵのほかにＧＰＵや４Ｇ／３ＧやＷｉ-Ｆｉ、カメラ、ディスプレイ、各種センサ、ＧＰＳ、などなどあらゆるシステムが搭載されたもののことをいいます。ＣＰＵを頭脳とたとえましたが、じつはＣＰＵ単体ではスマホを動かすことはできません。スマホを制御するためにあらゆるシステムを１つにまとめたのがＳｏＣで、ＣＰＵはＳｏＣの一部と考えればいいでしょう。

もっともスマホの性能をみるうえでは大半がＳｏｃなので、ＳｏＣ＝ＣＰＵと考えても差し支えありません。

一方、「メモリー半導体」で代表的なのは「ＤＲＡＭ」や「ＮＡＮＤ型フラッシュメモリー」です。ちなみに前者は「ＲＡＭ（ランダム アクセス メモリト）」であり、後者は「ＲＯＭ（リード オンリー メモリー）」で、その大きな違いは、データの書き換えが可能なＲＡＭに対し読み出し専用で電源を切ってもデータが残せるのがＲＯＭなのですが、ＲＯＭなのに書き換えも自由にしたのがフラッシュメモリーです。

両者は混同されますが、設計や構造、パフォーマンス、仕様、コストの違いからコンピュータではまったく異なる役割を果たしています。フラッシュメモリーは主にストレージ（データの保存場所）であり、ＤＲＡＭは演算するためにストレージから必要なデータを読み込み、一時的に置いておくために使われます。データの読み書き速度を比べると後者の方が速い分、コストも高い。したがって、ＮＡＮＤの用途はスマホやタブレットの記憶媒体やメモリーカードに、ＤＲＡＭはパソコンの一時記憶用メモリー、スマホやデジタル家電に使用されます。つまり、スマートフォンを作るにしても最先端のＳｏＣとＤＲＡＭ、フラッシュメモリーという３つの半導体製品がなければお話にならないわけです。

半導体のシェア上位を占める米韓メーカー

ＣＰＵの覇者米**インテル**、ＮＡＮＤ、ＤＲＡＭ最大手の韓国**サムスン電子**をはじめとして半導体全体のシェアでは上位を米韓メーカーが独占しております。

中国は制裁前でさえ消費に生産が追いついていない状況で、内製化などとても間に合わない。

米国はインテルのほかに、無線、通信用半導体のファブレス企業、**ブロードコム**（２０１６年に**アバゴ・テクノロジーズ**が買収し、現在の社名に変更）、やはりファブレス企業で、携帯電話向けベースチップで世界標準を握る**クアルコム**、アナログＩＣと通信用に提供する**テキサス・インスツルメンツ**、ＰＣ、ゲーム用のＧＰＵで圧倒的シェアを占め、ＡＩや自動運転でも事業を拡大する**エヌビディア**、ＣＰＵ「Ryzen」が好調で、ゲーム機ＰＳ４、５向けのＣＰＵを提供する**ＡＭＤ**など競合がひしめいています。そこに19年にインテルからスマホ向けモデムチップ事業を買収した**アップル**などＧＡＦＡも参入している群雄割拠《ぐんゆうかっきょ》の状況です。

NAND型フラッシュメモリー

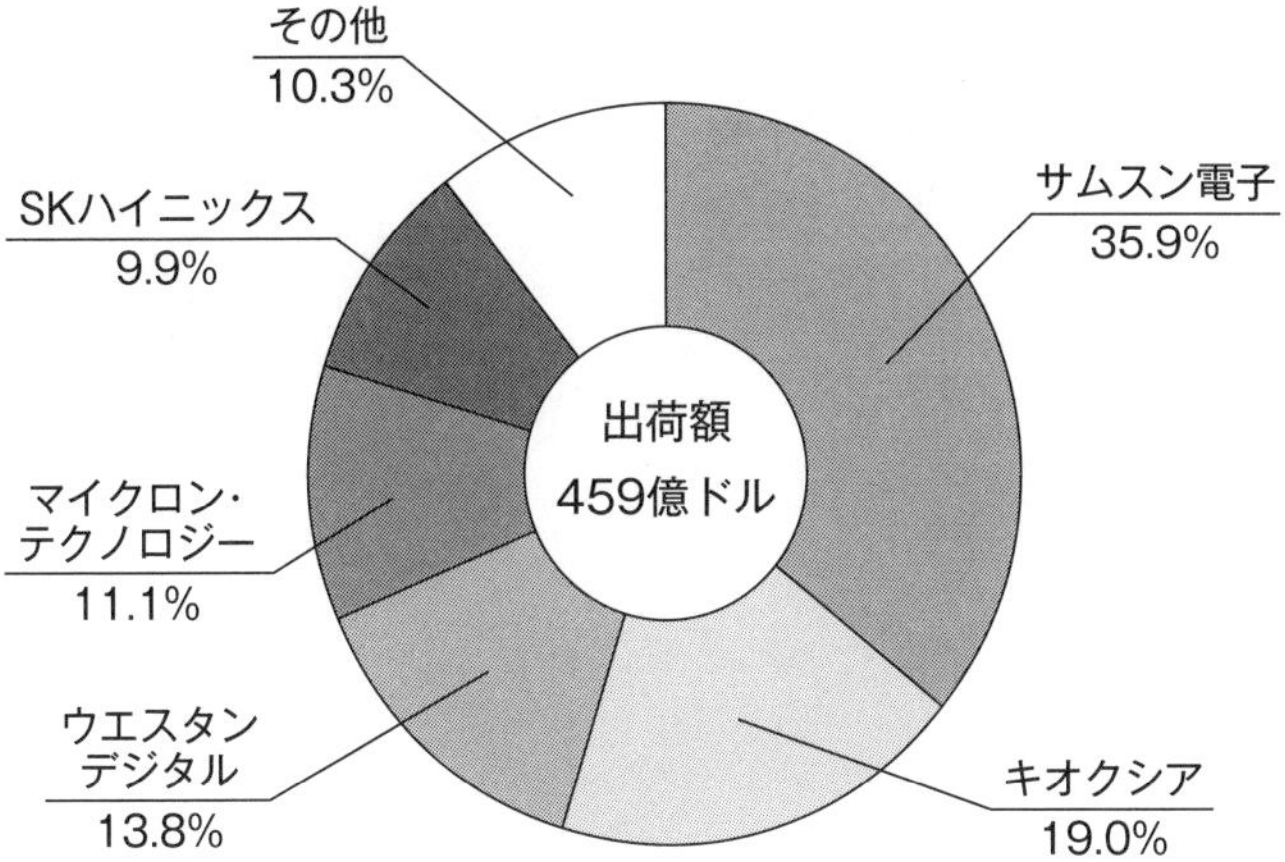

DRAM

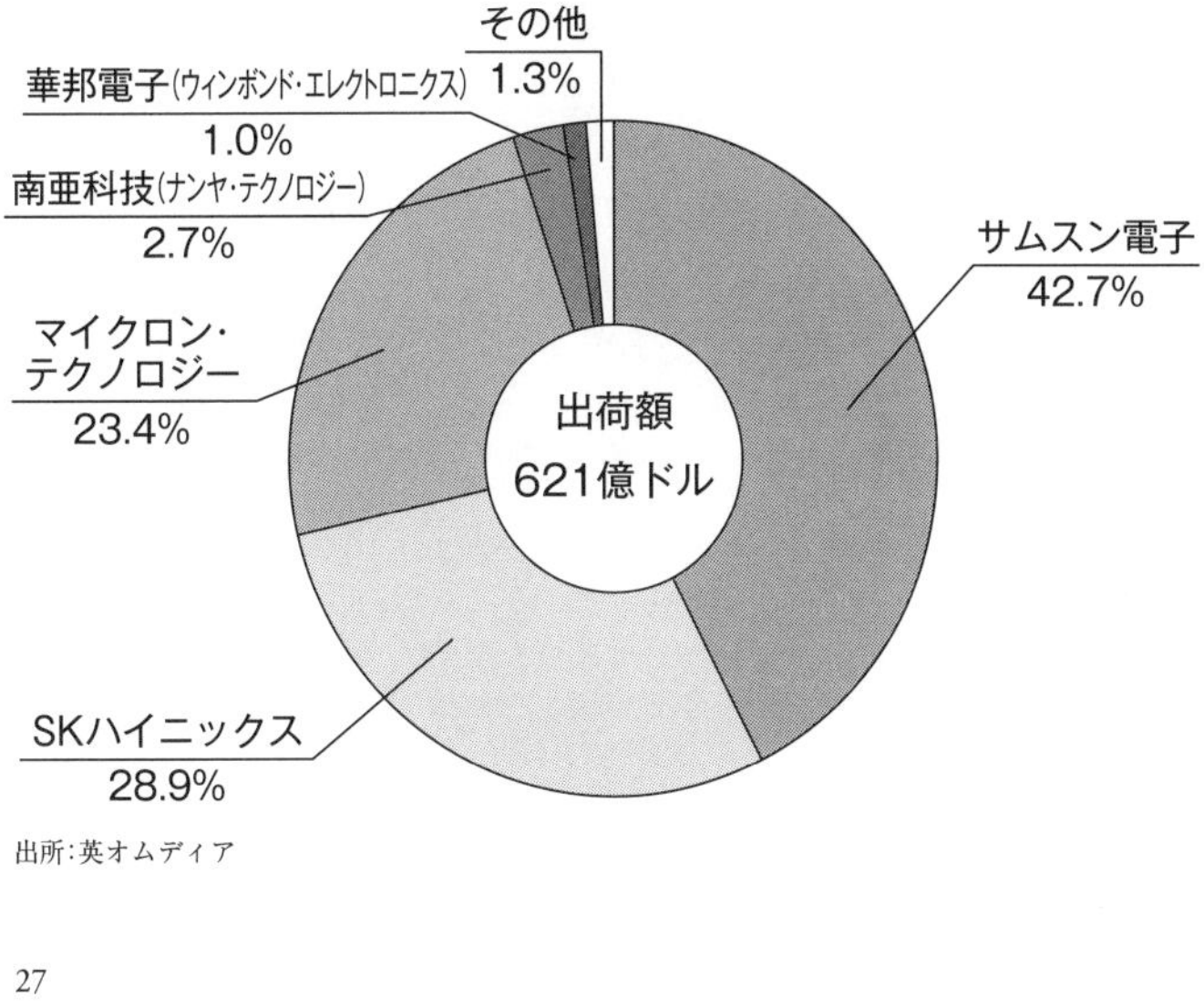

出所:英オムディア

ソフトバンクGが100%出資する**アーム・ホールディングス**をPC、ゲーム向けのGPUで圧倒的存在感を示すエヌビディアが買収することが発表されましたが、アームはスマホやタブレット用CPUのライセンスで9割のシェアを握る半導体業界の影の主役です。

アームはCPUを生産するのではなく設計に特化し、その〝設計図〟を半導体メーカーに提供する、IP（知的財産）を武器とする企業です。したがって、アームのライセンスがないと、インテルやサムスンもCPUが作れないわけです（もちろん中国企業も）。

また、半導体設計支援の米**シノプシス**など、米国技術なしで現代の半導体を作ることはほぼ不可能なのです。

次世代技術で存在感を示す日本企業

かつての栄光をよそにロジック半導体では影が薄い日本勢にあって、カメラの心臓部にあたるCMOSイメージセンサーで圧倒的シェアを誇り世界第1位なのが、**ソニー**です。同社は自動運転のカギを握る車載向けイメージセンサーへの進出も狙っております。

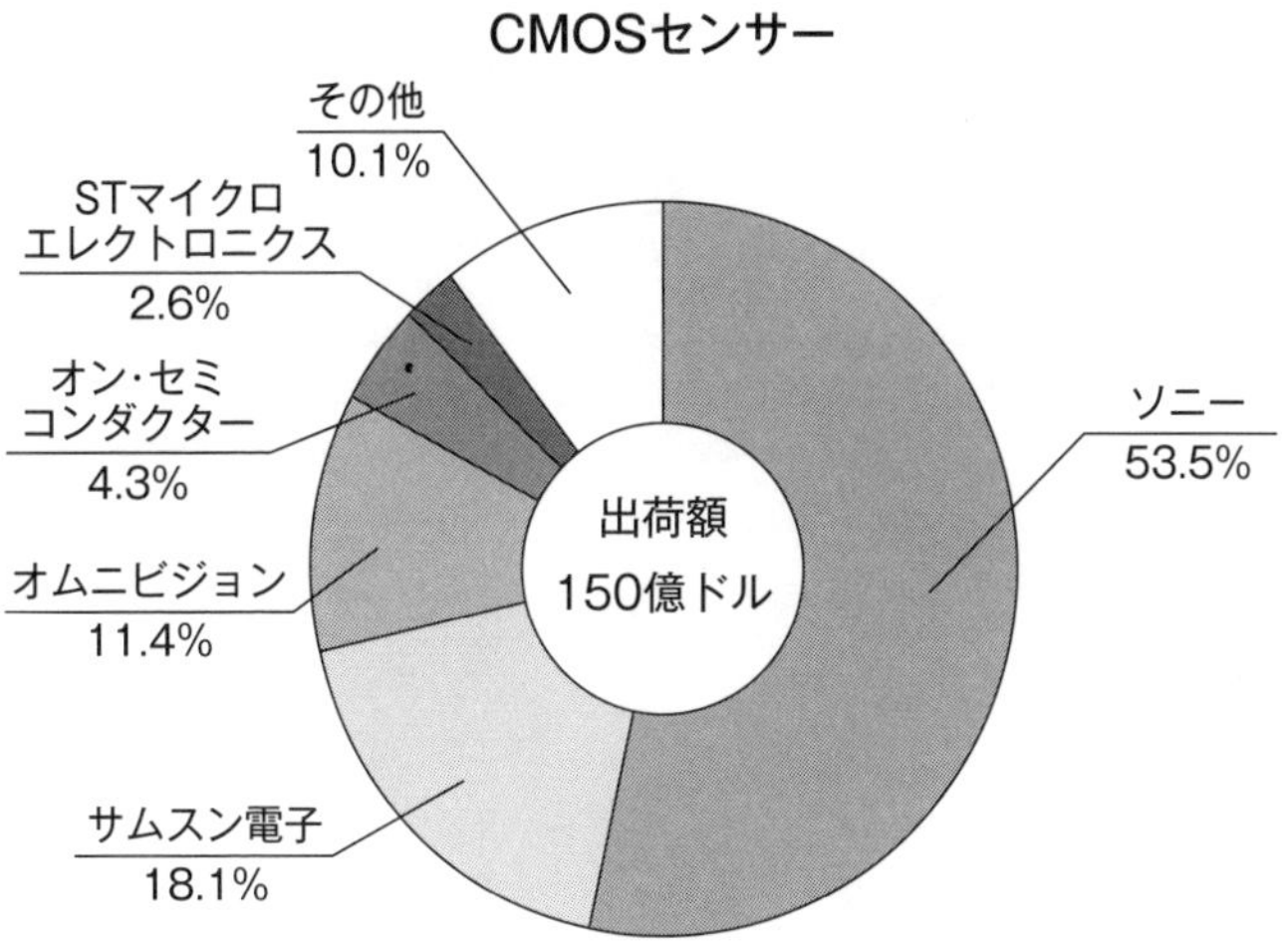

出所：英オムディア

旧ルネサステクノロジと旧ＮＥＣエレクトロニクスが統合した**ルネサスエレクトロニクス**は、車載マイコンで世界首位です。２０１７年にはグローバル企業の米**インターシル**を、19年には米半導体大手**IDT**を合計１兆円で買収し、アナログ半導体を強化しています。

現在、韓国が高いシェアを占めるのはメモリーで、サムスンに次ぐ大手の**SKハイニックス**はＤＲＡＭ世界２位、ＮＡＮＤ世界５位です。日本勢も存在感を見せており、**キオクシアホールディングス**（旧東芝メモリ）はＮＡＮＤシェアでサムスンに次いで世界２位で、米**サンディスク**と製造合弁を結んでいます。日本のエルピーダを買収した米国の**マイ**

クロン・テクノロジーも現在シェアを急激に伸ばしています。

実は、韓国勢が次世代のメモリー、フラッシュメモリーの技術開発に行き詰まる中で、キオクシアやマイクロンは次世代の開発に成功しており、このままでは韓国勢が取り残される可能性が出てきているのです。半導体の世界は非常に厳しい技術競争の歴史であり、技術開発に失敗すれば一気に劣勢に立たされます。このような状況のなかで起きたのが、日韓の輸出管理の問題であり、だからこそ、韓国は過剰に反応しているわけです。

中国の国策半導体メーカーの実力は？

それでは「中国2025」で内製化を目指す中国の国策半導体メーカーの現状を整理しておきましょう。

中国は国を挙げて半導体の内製化を進めようとしてきました。2019年までの投資額は地方政府も加え約7兆3300億円を超えています。14年に立ち上げた国家集成電路（集積回路、IC）産業投資基金に18兆円をつぎ込み、国有企業と国策企業を立ち上げ開発投資を行ってきたわけです。

まず、NANDにおいては、09年に破綻したドイツの半導体大手キマンダを継承した**紫光集団（ユニグループ）**の配下の**長江ストレージ**、**台湾聯華電子（UMC）**と技術提携している**晋華集成電路（JHICC）**、米マイクロン・テクノロジー傘下、**台湾華亜科技（イノテラ・メモリーズ）**の技術者と独キマンダの技術を利用した**ChangXin Memory**（旧Innotron Memory）の3社があります。

しかし、実際にNAND量産にこぎつけたのは、紫光集団の配下の長江ストレージだけであり、JHICCに関しては、台湾のUMCを通じて、マイクロンの技術を不当に利用しているとして、米国の制裁対象（EL）に掲載され、工場施設は完成したものの半導体製造装置の輸出が停止され、製造を開始できない状態になっています。

また、現在量産を開始している2社ですが、技術面、信頼性ともに、マイクロンやサムスン、ハイニックスなどに比べ劣っており、米国技術の抱え込み、製造装置の禁輸処置などにより、その将来性が懸念されています。

そのような事情もあり、国産半導体生産に成功した紫光集団に経営危機説が囁かれはじめました。紫光集団は長江ストレージの親会社であり、**中芯国際集成電路製造（SMIC）**の株主でもあるため（ちなみに、IR疑惑で問題になった500.comの親会社でもある）、それは

NANDだけでなく、半導体業界全体の大きな問題になります。

また特筆しておかなければならないのは、紫光集団の中高級副総裁および日本子会社の最高経営責任者（CEO）が、日本の半導体大手でDRAMで世界第3位だったエルピーダメモリの元社長だった、坂本幸雄氏だということです。同社を米マイクロンに投げ売りし、今度はその技術を中国に売り渡そうとしているわけです。

エルピーダは2009年に改正産業活力再生法（産活法）の適用第1号となり、300億円の公的資金を得ていたにもかかわらず倒産しました。しかしこの倒産は「計画倒産」だったのではないかとの疑いがもたれています。坂本氏は日本企業から技術者のスカウトを行っており、技術者を通じての技術流出の懸念もされていました。

そのため、皮肉にも紫光集団の半導体生産技術や設備は、日本からの輸入に頼るものが多く、日本からの輸出が止まればゲームオーバーになります。SMICとともに紫光集団が破綻すれば、米中の技術戦争は一方的な中国の敗北という形で終わることになります。

世界最大手の台湾ファウンドリーには歯が立たない中国勢

ところで半導体を製造するには巨額で継続的な投資が必要なため、自社では設計開発のみ行い、製造の外部委託がおのずと進みました。それがファブレス（ファブ〔fabrication facility＝工場〕とレス〔less＝ない〕が組み合わさった言葉の略語）企業です。

ファブレス企業としては前述のクアルコムや中国の**ハイシリコン**が有名です。またファブレス企業のように設計開発は自前で製造の最先端プロセスを委託する企業を「ファブライト」企業といい、それはルネサスエレクトロニクス、ソニーなどです。したがって、すべてを自前で行う「ＩＤＭ（垂直統合型）」企業はインテルやサムスン、キオクシアと限られています。

一方、ファブレス企業から製造を請け負い急成長しているのが「ファウンドリー（受託生産会社）」です。最大手は**台湾積体電路製造（ＴＳＭＣ）**で、インテル、サムスンに並ぶ巨大企業です。特に演算を担うロジック半導体では、線幅を狭める「微細化（回路線幅を細くして半導体の処理性能を高める技術）」が重要で、ＴＳＭＣはファウンドリー事業を強化するサムスンを凌駕しています。光の波長が極めて短い特殊な露光装置を利用することで、最先端は線幅を5nm（n：ナノは10億分の1）まで狭めていますが、同社はすでに3nmのテストプロセスも始めていると伝えられています。「ナノ」といわれてもよくわかりませんが、人間の目に見える可視光の波長が400～700nmであり、それよりもはるかに微細で、高い技術力が求められる世界なのです。台湾はファウンドリー産業で成長を続けており、中国企業も多く依存していたため、米国の制裁によりTSMCやUMCに委託できないのは致命的です。

SMICは中国で唯一14nmという微細プロセスに対応できますが、これは米国からのライセンスで成立しているものであり、TSMCとサムスンには2世代以上遅れ遠く及びません。しかも米国はSMICにも一部輸出規制を掛けました。米商務省は、中国の軍事活動に使われるリスクがあるとして、米国企業および米国技術を使った外国企業に対し、同社に半導体製品を輸出する場合事前許可を求めています。

現行の14nmプロセスの生産が止まれば、中国における小型の半導体の生産はほぼ絶望的です。また、現行のプロセスもチャータードセミコンダクターマニュファクチャリング（現グローバルファウンドリーズ）が180nm、IBMが、40―45nm、32nm、28nmからのライセンスで生産されており、ライセンスが停止されれば生産できなくなる可能性もあります。

ＳＭＩＣはこれを防ぐために米国のファーウェイ制裁に協力するとしており、ファーウェイの半導体受託生産を引き受けないと表明しました。ＳＭＩＣはファーウェイ傘下のハイシリコンからも受託し、ファーウェイのスマホや通信機器に半導体を供給していたので、これも止まることになります。

このため、世界各国のファウンドリーから生産を断られたファーウェイは、自社で45nmの半導体工場を建設し、半導体製造を始めるとしています。しかし、45nmの半導体は巨大で、消費電力も非常に大きいため、スマホなどに採用することはできません。この半導体を利用しスマホを作るならば、少なくともノート型パソコンなみの大きさと電池が必要になるわけです。

また、中国ではファーウェイ以外にも**アリババ**が中国独自のＣＰＵの設計に成功しましたが、これもファウンドリーなしでは生産できないわけです。

中国の場合、中国政府が国産の半導体の使用を推奨しており、中国企業や中国内で物を作る企業はＳＭＩＣに優先的に発注してきました。このため、他国の企業に切り替えたくても容易にできない状態にあります。

半導体は電気自動車をはじめとし、ドローンやスマホなどすべてのハイテクのカギであり、この生産が停止すれば、すべてのハイテク分野での生産が止まることになります。次の注目点は同社がＥＴに加えられるかどうかです。中国にはライセンスなどを無視して生産を続けるという選択肢がありますが、その場合、製造機械などの補修用部品などを停止することで、生産ラインを止めることができます。

日本企業がひしめく半導体製造装置と材料

ようするに現在の半導体製品の生産体制は、シリコンバレーを中心とした巨大ＩＴ企業のような工場など生産設備を持たないファブレスメーカーと、その製造を請け負う台湾や韓国などのファウンドリー企業の大手に大別されるのですが、ファウンドリーに半導体を作るための半導体製造装置を納めているのが半導体製造装置業界です。市場規模は、世界で６・５兆円ほどあり、ファウンドリーが好調なためコロナ禍でも最も恩恵を受けています。半導体装置でも世界販売額の７割近くを中・韓・台が占めているのも、巨大ファウン

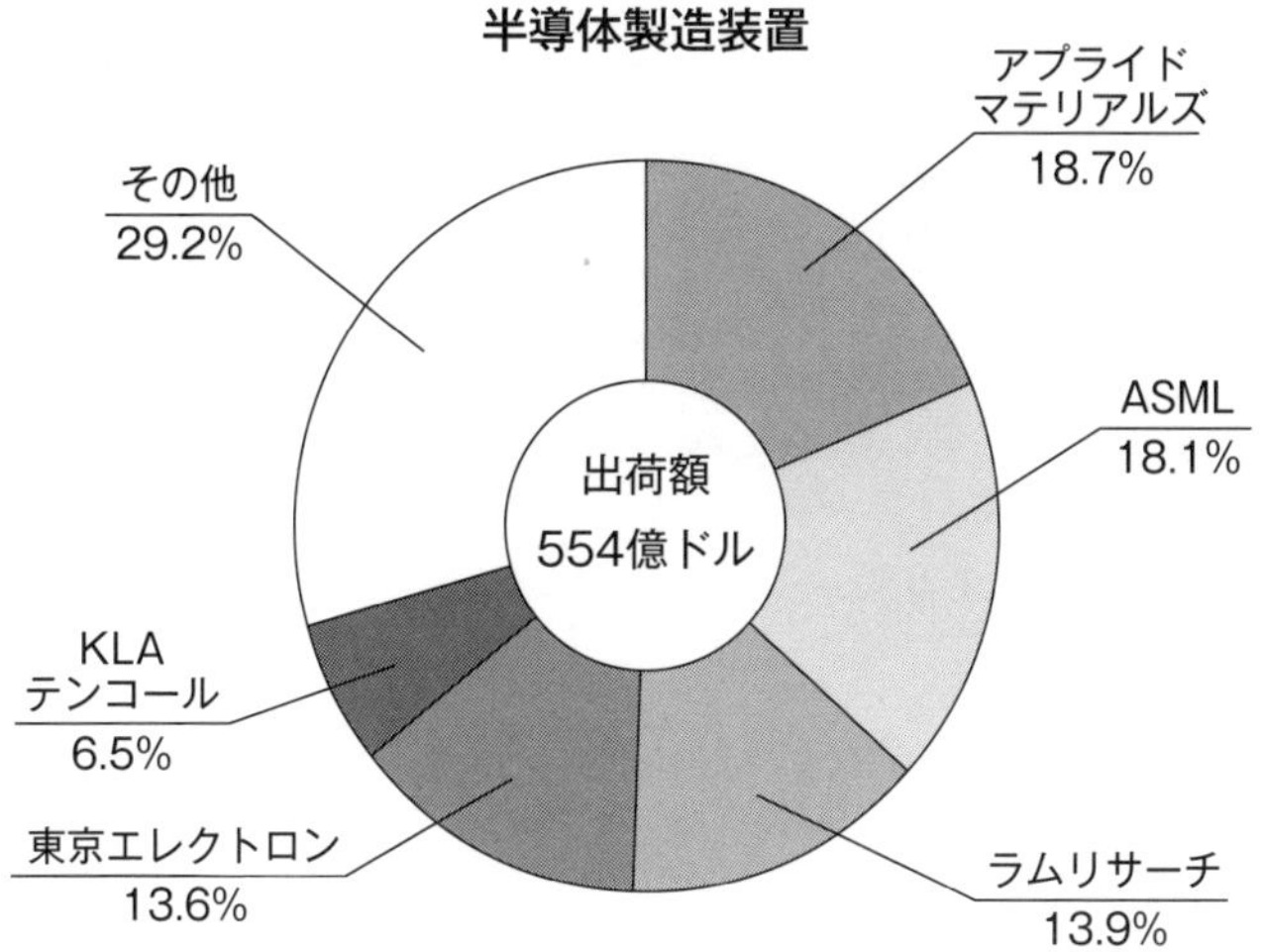

出所：米ガートナー、後工程装置は除く

ドリーがあるからです。そしてこの製造装置業界は日本企業が強い。

半導体製造装置の国内最大手はエッチングや成膜など前工程装置を担う**東京エレクトロン**で、世界でも米**アプライドマテリアルズ**、オランダ**ASML**に次いで3位です。ウェハー洗浄装置や塗布装置など世界シェアで首位級製品を多数保有する**SCREEN HD**、露光装置ではＡＳＭＬについで世界第2位の**ニコン**、後工程装置ではウェハー切断、研削、研磨装置で世界首位の**ディスコ**、また検査装置では米ヴェリジーを買収し世界首位級の**アドバンテスト**など。

ここで、日本企業以外でおさえておかなければならない半導体製造装置メーカーがオランダのASMLです。ASMLは「縮小投影露光装置」という機械で、「人類史上最も精密な機械」と言われ、ニコンや**キヤノン**をしのぎ、世界で約8割のシェアを占め圧倒的です。じつは、2000年以前はニコンがシェアを上回っていましたが、いまでは完全に逆転されました。

さらに日本勢が強いのは半導体材料です。市場規模としては国内で8000億円、世界で5・6兆円ほどです。

半導体の土台となるシリコンウェハーは**信越化学工業**と**SUMCO**が1位2位を占めています。また露光工程の感光剤に使用するフォトレジスト――韓国への輸出規制の対象となった3品目の1つですが――は、**富士フイルムHD**、信越化学工業をはじめとした日本メーカーだけで世界シェアの8割を握っています。富士フイルムはイメージセンサーに使用するカラーレジストで世界首位です。

露光工程で回路を焼き付ける原版のフォトマスク、その原料となるマスクブランクスでも日本企業が高い技術力を誇っています。ほかにも、半導体向け金メッキやボンディングワイヤの**田中貴金属工業**（売上高9926億円、『会社四季報2021年版業界地図』より。以下同）、産業ガス国内最大手の**大陽日酸**（同8502億円）、電子材料用高純度ガスの**昭**

和電工（部門売上高1401億円）、CPUなどを実装するパッケージ基盤の**新光電気工業**（売上高1483億円）、パッケージ基盤の**イビデン**（部門売上高1321億円）、シリコンウエハー洗浄用の高純度フッ化水素――韓国輸出規制の3品目の1つ――の**ステラケミファ**（売上高337億円）などなど。

半導体材料市場が日本企業の独壇場であるのは技術的障壁もさることながら、市場規模が数百億～数千億円規模と比較的小さいため新規参入しても儲からないと言われています。実はこの問題は日本企業がもたらしているものでもあるのです。

日本企業はユダヤ商法を見習え

私が日下公人先生との対談（『世界は沈没し日本が躍動する――最強の日本繁栄論』ビジネス社）のなかでいったことですが、これは大事なことなので引用します。

「韓国に輸出規制を強化した3品目にしても、日本のメーカーが何十年も試行錯誤して磨き上げたもので、いくら国を挙げたところで数年で韓国企業に作れるわけがありません。

万が一できたところで、コストが合わない。それをわかっているからサムスンも内製化しなかった。日本企業は納期、価格、品質のすべてがともなっています。（中略）

ですから日本企業の経営者は、今後はもう安売りをやめればいいのです。

輸出規制の3品目の韓国への年間輸出額は154億円相当です。それが止まると韓国で作れなくなるものが約20兆円分の製品。20兆円の製品が作れなくなると60兆円稼ぐ会社が潰れるんです。

つまり、日本企業は154億円で売る必要はないということです。日本しか作れないので、1500億円に値上げしたとしても、必要なところは買うわけです。

売った日本企業は原価が一緒ですから、利益が一気に上がる。会社が儲かり、給料がアップする。それなのに、日本企業同士が値段を叩きあって、良いものをどうやって安く売れるかという方向に企業努力をしてしまう。（中略）

だから良いものを高く売るという商売の原則に日本企業はもう一度立ち戻る必要があります。他が作れなかったらいくらでも売れるじゃないか、というユダヤ商法を日本もやるべきです」

半導体を組み立てる半導体装置も材料もほとんど日本製なのに、それをわざわざ日本企業が安売りしていることが問題なのです。

半導体の基礎特許や回路設計に使うソフトは米企業がほぼ独占していますが、それ以外はオールジャパンで手を組めば韓国・中国企業にじゅうぶん対抗できるのです。そして、中韓企業に奪われた市場を日本が取り戻せばいいのです。これは半導体に限りません。そのことは声を大にして言いたい。

それはともかく、半導体を内製化することが中国にとっていかにハードルが高いかおわかりになったと思います。内製化どころか、米国の禁輸によって、ファーウェイの生産が止まるのも時間の問題となりました。

企業潰しのモデルケースにされたファーウェイ

一方米国にとって一番の問題になるのは、ＤＲＡＭやフラッシュメモリーなどではなく、スマホの心臓部となるＳｏＣの生産です。

ＤＲＡＭの生産は韓国がシェアを握っていますが、米国メーカーマイクロンがある。そして、フラッシュメモリーはキオクシアも高い技術を持っている。このため、この部分は大きな問題になりません。

もともとパソコンのＣＰＵに強かったのは米・インテルだったのですが、スマホ時代となって最新のＳｏＣを製造できるファウンドリーは、台湾の半導体メーカーＴＳＭＣと韓国サムスン電子しかありません。逆に言えば、ここを外国に完全に奪われてしまうと先端技術戦争で米国が敗北することになってしまうわけです。

だからこそ、米国は、台湾ＴＳＭＣに対して、米軍などが調達する半導体製造を一任することを条件に、米国内への工場建設と米国内での半導体製造を要請し、サムスンに対しても米国内での生産を要請しているとされています。

米国政府は技術流出の阻止だけでなく半導体の完全内製化を始めているわけです。確かに米国は半導体の販売シェアでは首位で、47％（日本は10％）と高い半面、生産能力としては12％で、それだけでみれば15％の中国を下回っているからです。しかも中国は10年後にこれが24％に高まると予測されています。

そのため、米議会も動き出し、半導体の国内生産を促すために、約２兆６０００億円の補助金を投じる検討をしています。

たとえば、半導体工場や研究施設などに政府が１件あたり約３１２０億円の補助金を支給する案や、安全保障上、機密性の高い半導体生産には、国防総省などが約５２０億円の開発費を供給する案がでています。市場主義経済を重んじ、国家が特定産業に巨額の補助金を投じることに慎重だった米国のこのような異例の措置は危機感の度合いの高さを示しているのです。

その意味でいえば、米国の中国企業潰しのモデルケースとして最先端だったのがファーウェイであったといえます。米国がファーウェイをエンティティリストに掲載したのは２０１９年5月です。これにより、同社は米国製品と米国原産技術25%以上を含む部材の海外からの調達ができなくなりました。これには、スマホのＯＳであるアンドロイドの「Googleplay（Googleのオリジナルサービス）」や、英アームの設計技術、台湾ＴＳＭＣによる生産が含まれていました。

したがって同社は、独自ＯＳとアームの技術を使わない台湾MediaTekのＳｏＣに活路を見出そうとしました。しかし、翌２０２０年8月17日に出された新規の規制「(Ａ）外国製品がエンティティリスト記載の主体（ファーウェイなど）によって製造、購入、注文される部品や装置の製造や開発に使用されること、又は（B）エンティティリスト記載の主体（ファーウェイなど）が購入者、中間荷受人、最終荷受人、最終使用者など、外国製品に関する取引の当事者であること」により、子会社ハイシリコンが設計したファーウェイオリジナルの部品だけでなく、一般的な汎用品も購入できなくなったわけです。

先端分野において、その過程で米国由来の技術を利用していないものは皆無といってよく、米国技術を排除することはほぼ不可能に近いです。さらにいえば、部材の1つが作れても、すべての部材が揃わなければ製品を組み上げられません。そもそも国際分業が進んだ現在、すべての部材を自社で賄える企業は皆無に近く、その基本技術や生産技術の多くを米国が抑えている現状を考えれば、米国抜きのハイテク製品製造などできるわけがないのです。

日米連携が最強の道

これは日本企業にも言えることです。日本企業といえども米国原産技術を一切使わずハイテク製品を作ることはできないでしょう。また、逆もしかりで、米国も日本の技術を一切使わずハイテク製品を作ることはできません。

たとえば、**村田製作所**の積層コンデンサ、これがなければハイテク製品の小型化はできず、製品化は不可能に近いです。

また、ＳＵＭＣＯや信越化学が作る高純度シリコンも同様です。実は日本が制裁を掛けるだけで、世界中でモノの生産が止まります。日本がこれを行えば世界各国から批判の嵐となり、逆に日本への制裁により、日本は多くの被害を受けることになります。

日本は石油や穀物など生活基礎物資を輸入に頼る国であり、対抗するだけの武力も保有していません。しかし、これが日米連携となれば話は別です。米国は世界最大の穀物輸出国であり、原油も輸出国に転じています。また、世界最大の軍事力と国際金融における絶対的支配力を保有しているのです。

ただ、さしもの米国も製造業の空洞化により生産技術がなく、ノウハウや生産システムの構築では日本にかなわない。ある意味、共助関係にあるのです。

それに対して、中国には「オンリーチャイナ」が存在せず、世界の工場として君臨できているのも、日本の技術と生産システムのお陰です。しかし、それに適正な対価を払っていない。日本および日本企業が、米中、どちらかを選べと言われれば、最初から米国しか選択肢はありません。

ファーウェイのクラウドも規制対象に

その上、今回の規制では、システム開発会社とクラウド関連子会社も対象になっています。米国のクリーンクラウド戦略と並行するものですが、この規制が与える打撃は大きい。現在、ほとんどのサービスデータはクラウドサーバーに保存され、端末との常時アクセスによって運用されています。たとえば、スマホのゲーム1つをとっても、通信環境がないところでは使えません。

したがって、クラウド会社が規制されると、ファーウェイはクラウドサーバーの増強ができず、ファーウェイが開発したOS「ハーモニー」およびグーグルのアプリストアの代替として用意したファーウェイモバイルサービスも拡張が難しくなりました。また、保守にかかわる取引も禁止され、既存端末に関してもアフターサービスができない状況になるかと思われます。この状況下での販売継続は難しいと言わざるを得ません。

ここでポイントになるのは、クラウドサービスの使用禁止は広範囲に影響をもたらすということでしょう。アリババ集団やテンセントなど中国の大手ＩＴ企業は、基本的に自社のサービスを自社のクラウドにつないでおり、社内でサービスが完結する仕組みを構築しています。

たとえば、アリババはアリババ系のソフトウエアを販売し、それをアリペイで決済させる。この中核にあるのがクラウドサーバーであり、そこで情報を集積し、ビッグデータとして管理している。そのため、クラウドが使えなくなるということは、アリババやテンセントの広範囲にわたるサービスそのものが停止することと同義です。

この２社のクラウドサービスは安価であるため、利用している企業が多数存在します。日本ではソフトバンクがアリババのクラウドを外販しており、ソフトバンク系の企業やソフトバンクのネットサービスを利用している企業で使われています。

一方、中国では国家情報法により、中国企業や中国人は「中国政府の求めに応じて、すべてのデータ（外国にあるものを含む）を提供しなくてはいけない」と定められており、安全保障上のリスクが高いことは明白です。

断末魔のファーウェイを見捨てる日本企業

ファーウェイの危機感は数字にも表れており、中国税関総署の公表した2020年の8月の貿易統計によると、半導体の輸入額が7月に続き高水準で単月で過去二番目の大きさを記録しました。これは米国が9月中旬から行う禁輸措置の強化に備えた駆け込み需要を意味しています。8月の輸入額は前年同月比11％増の311億ドル（約3兆3000億円）で、そのうち台湾からの輸入額が186億ドルと6割以上を占め、半導体における中国の台湾依存を示しています。

もちろん、今回の対象はあくまでファーウェイだが、それ以外の中国の通信企業にも同様の処置ができることを意味しています。ファーウェイ以外の中国メーカーは、米国のクアルコムなどのSoCやモデムチップを利用して、スマホの生産を行っているのです。そのため、米国政府が中国企業に対する輸出管理を強化するだけで、生産を止めることができるわけです。たとえば、5Gのモデムチップを輸出管理の対象にするだけで、中国では5Gスマホの生産が不可能になります。

今回の制裁はファーウェイを見せしめにした側面が強く、中国の覇権を許さないという米国の強い意志表示に他なりません。

9月15日にファーウェイに対する半導体輸出規制が発効され、国内半導体メーカーも相次ぎファーウェイ向け出荷を停止しました。スマホ向けではキオクシアはフラシュメモリーを、ソニーは画像センサーを出荷停止しています。キオクシアは10月上場の延期を決めました。

基地局・インフラ向けでは**三菱電機**が光半導体などを一時停止し、ルネサスエレクトロニクスは、5G基地局向けに電波を増幅させる半導体の供給を停止。東芝はハードディスク駆動装置（HDD）と半導体の出荷を一時停止します。

東京エレクトロンは地域別売上高で中国が18%と高い。英調査会社オムディアによると、日本企業がファーウェイに対して供給していた部品総額は1兆1000億円に上り、代替先の確保など対応が迫られています。

ソニーは2021年まで3年間の設備投資額を計画の7000億円から6500億円に下方修正しました。また、ファーウェイの代替としてアップルや制裁されていない中国企業に顧客を拡大する模様です。ルネサスエレクトロニクスも同様の動きで、スウェーデンのエリクソンやフィンランドのノキアなど他の基地局メーカーに営業活動を強化しています。

前述のように禁輸は当初「米国製部品を25％以上使った場合」だったのが、「製品開発などに米国製ソフトウエアが使われている場合」に強化され、事実上すべての半導体製品が対象となっているため、日本企業が出荷すれば友好国といえども容赦なく制裁対象となります。しかもこれは他分野にも拡大されます。各社の担当者からは「予想外だった」との声がもれているようですが、あえて苦言を呈すれば認識が甘いとしか言いようがありません。

新冷戦は企業内にベルリンの壁

私はメルマガや著作で、2年以上も前から今回の事態を迎えることを警告していました。「われわれは企業だから米中のどちらかを選ぶことはできない」というのは平時の発想で、米中が覇権をかけて争う「有事」であるという認識が欠けています。米国企業はもちろん、日本企業も戦時は国家に協力して戦ったのです。善悪の話ではなくそれが現実だということです。

したがって、中国共産党も米国同様の強制を海外企業にとろうとしています。米国政府は指定した技術企画に準拠したクラウドやＩＴ危機で情報システムを構築するよう海外企業を促していますが、中国もアリババのクラウドに事業上のデータを集約するよう求めています。それればかりか、中国共産党による「委員会」の設置を海外企業の現地法人に押し付け経営を監視するだけでなく、党員を経営陣に登用することも求めてくるでしょう。

「では、米中事業を円滑、円満に両立するにはどうしたらいいか。会社を米国だけ、中国だけと2分割するのが手っ取り早かろうが、それは現実的ではない。まずは同じ企業でも米中事業間でファイアウオールを導入するなど情報管理を徹底し、両政府の信用を失わない体制づくりが第一歩となる」

引用したのは9月16日付日本経済新聞ですが、このような提言が正論として出てくるというのがいまの日本の限界を表しています。米国が中国に仕掛けているのは共産党による一党独裁体制を潰すことです。国際法を正面から無視し、自国のルールを世界に従わせようというのが中国です。米中両国とも共存を望んでいない以上、何度も繰り返しますが日本は、もちろん日本企業も米中どちらかを選ぶしかないし中国を選ぶ選択はありえません。

しかし、上の提言で一点面白いのは、今回の新冷戦は国家にとどまらず企業内にも及んでいるということです。つまり、ファイアウォールという「ベルリンの壁」が事業間にできる事態が生じているわけです。

世界の通信から中国を徹底排除する「クリーンネットワーク」

本章の最後に、米国が中国を徹底排除する「クリーンネットワーク」構想を述べておきます。これは日本企業にとって無視できない非常に重要なもので、下記の5つのクリーンで構成されています。

★クリーンキャリア

中華人民共和国（PRC）の通信事業者が米国の通信網に接続されないようにすること

です。このような企業は米国の国家安全保障に危険をもたらし、米国との間で国際電気通信サービスを提供してはなりません。

★クリーンストア

米国のモバイルアプリストアから信頼できないアプリを削除する。中国のアプリは、私たちのプライバシーを脅かし、ウイルスを増殖させ、コンテンツを検閲し、プロパガンダや偽情報を拡散させます。米国人の最も機密性の高い個人情報やビジネス情報は、中国共産党の利益のために、搾取や窃盗から携帯電話上で保護されなければなりません。

★クリーンアプリ

ファーウェイをはじめとする中国のスマートフォンメーカーが、アメリカ企業などが開発する「信頼できるアプリ」を利用できないようにすることです。アメリカや外国の企業はファーウェイのアプリストアから自身のアプリを削除して、人権侵害者と提携していないことを証明する必要があります。

★クリーンクラウド
米国市民の最も機密性の高い個人情報や、COVID-19ワクチン研究を含む企業の最も貴重な知的財産が、アリババ、**百度、中国移動、中国電信**、テンセントなどの企業を通じて外国の敵にアクセス可能なクラウドベースのシステムに保存・処理されることを防ぐためです。

★クリーンケーブル
我が国と世界のインターネットをつなぐ海底ケーブルが、中国による超大規模な情報収集のために改竄《かいざん》されないようにするためです。また、海外のパートナーと協力して、世界中の海底ケーブルが同じように侵害されないようにします。

そして、この5条件を揃えたものに「クリーンパス」を与え、それを保有するもののみに米国との取引を許すというものです。つまり、通信環境から中国を完全に排除しなければ米国と取引できなくなる可能性があるわけです。

米国が規制を掛ける場合、同国企業や外国企業に与える打撃を緩和するために一定の猶予期間が用意されてきました。まずは、一定の猶予期間を定め連邦政府の直接調達などから排除、その後、米国政府と取引するものに拡大（米国政府納入業者やその下請け関連など）、そして、米国の法の支配下にあるもの（個人法人）との取引禁止と拡大します。

今回のクリーンネットワークの発表は、規制に向けてのフォワードガイダンス（将来への予告）と考えてよいものでしょう。中国を米国と米国が関係する通信ネットワークから完全遮断する。中国製ＳＮＳソフトのWeChatへの制裁はその始まりを予告するものといってよいのでしょう。

また、通信の遮断はすべてに波及します。たとえば、通信できなければ銀行送金など金融取引もままなりません。そして、現地の駐在員や工場と連絡を取れず、企業の発注ができなくなりますから、サプライチェーンもまったく機能しなくなる。これは現代版兵糧《ひょうろう》攻めといえるものであり、外国人や外国企業は否が応でも中国を出てゆくしかなくなるわけです。過激と思われるかもしれませんが、いまからたった30年前の冷戦下はそのような状態であったことを忘れてはなりません。

第2章

GAFA vs. BAT vs. 日本企業

GAFAは「公益事業者」

米中覇権争いのなかで、改めてクローズアップされたのが、巨大ＩＴ企業、「ビッグテック」の動向です。いわゆるＧＡＦＡ――**グーグル**、**アップル**、**フェイスブック**、**アマゾン**といった、「プラットフォーマー」と呼ばれるシリコンバレーの巨人たちが、「ビッグデータ」を集め、データ覇権を確立すべく米中市場の美味しいとこどりをしようと画策しました。

プラットフォーマーたちが提供するプラットフォーム（基盤）とは新しい時代のインフラのことです。世界の人や企業が、生活や仕事のうえで、使わざるをえない、便利なハードやソフトを提供してくれます。グーグルの検索エンジン、アップルのｉＰｈｏｎｅ、フェイスブックのＳＮＳ（ソーシャル・ネットワーキング・サービス）、アマゾンのＥＣサイトは私たちの生活に欠かせないものとなっています。

特に米国での影響力は絶大で、

時価総額ランキングの世界上位企業はビッグテックばかり

2008年	
1	ペトロチャイナ
2	エクソンモービル
3	ゼネラル・エレクトリック
4	チャイナモバイル
5	中国工商銀行
6	マイクロソフト
7	ブラジル石油公社
8	ロイヤル・ダッチ・シェル
9	AT&T
10	BP

2020年	
1	アップル
2	サウジアラムコ
3	アマゾン・ドット・コム
4	マイクロソフト
5	アルファベット
6	フェイスブック
7	アリババ集団
8	テンセント
9	バークシャー・ハザウェイ
10	ビザ

（注）■はビッグテック

「インターネットを利用する三〇歳未満の成人の九五パーセントがフェイスブックまたは二〇一二年にフェイスブックに買収されたインスタグラム、あるいはその両方にアカウントをもっている。ミレニアル世代の人々がネットでビデオを視聴する場合、ほとんどの時間でユーチューブを利用する。全世界の新規広告費のおよそ九〇パーセントがグーグルとフェイスブックに集まり、携帯電話の九九パーセントにグーグルまたはアップルのオペレーティングシステム（OS）が搭載されている。デスクトップのOSでは、アップルとマイクロソフトの二社が世界で九五パーセントのシェアを占めている。全米におけるEコマース（電

子商取引）の売上の半分がアマゾンによるものだ」（『邪悪に堕ちたＧＡＦＡ』ラナ・フォルーハー、長谷川圭訳、日経ＢＰ社）

ここで注意しなければならないのは、ネットの世界では大半のサービスが「無料」で提供されていることです。表向きＧＡＦＡはソフトや情報を無料で配信している善意の提供者にみえますが、実態はほぼ市場を独占する「公益事業者」といっていい存在なのです。私がその事実の歪みに警鐘を鳴らしたのが2年前に書いた『ＧＡＦＡ vs.中国』（ビジネス社）で、ＧＡＦＡが集めた「ビッグデータ」が膨大な価値を生み出していることは、いまや周知の事実となりました。

たとえば、われわれがインターネット上で検索したり商品を購入したりすれば、すぐ類似商品の広告が頻繁に表示されます。このような広告を「ターゲティング広告」といい、ＧＡＦＡの収益源になっています。つまり、ユーザーにとってＧＡＦＡがもたらす多くのサービスは無料ですが、じつは「個人情報の提供」という対価を支払ったうえに成り立っているビジネスモデルなのです。

あるいは、ユーチューブなどユーザーが無料提供した作品を利用して稼いでいるのです。ユーチューブには1日当たり49年分の動画が投稿されているといわれていますが、グーグルがそのユーチューブで得る広告収入は人気ユーチューバーが稼ぐ合計金額の比ではありません。

加えて、政財界が推し進めるデジタル技術による業務変革、デジタルトランスフォーメーション（DX）や、さまざまなモノがインターネットにつながるIoTの世界は、われわれの行動のすべてを「データ化」しようとします。車を運転すれば、ドライバーの運転技術のデータが得られます。どのような経路をたどったかという運転履歴も、ドライバーの健康情報も、保険加入の際に有用なデータに変わり、それがGAFAの収益源となるのです。

つまり、インターネットがあらゆる領域につながることにより、「データ」の価値は一層高まり、「石油」にかわる富をもたらす。いまやGAFAの時価総額はたった4社で約430兆円にも上るのです。したがって、欧米のような国家がその大きくなりすぎたビッグテックを警戒し縛りにかかるのは当然なことですし、中国のように国家と企業一体となってビッグデータを収集し、世界覇権に動くのも必然の道です。

米国にGAFAがあるように中国にはBATH（**バイドゥ**〔**百度**〕、**アリババ**、**テンセン**

ト、ファーウェイ）、あるいはそれからファーウェイを抜いてＢＡＴと呼ばれるビッグテックがあります。良くも悪くも日本にはそれに匹敵するようなビッグテックは存在しませんが、各企業はただ手をこまねいているわけではありません。本省ではデータ覇権を決める主要分野における、ＧＡＦＡ vs. ＢＡＴとそれに割って入る日本企業の勢力図を確認しましょう。

ＡＩでしのぎを削るＧＡＦＡ

ＧＡＦＡ vs. ＢＡＴの最前線はＡＩです。ＡＩはディープラーニング（深層学習）が登場したことで転機を迎えました。ディープラーニングとは人間によるインプットなしに、ＡＩ自らが学習し進化を遂げていく「機会学習」の１つで、これによりＡＩの予測精度や実用性が一気に向上する技術革新となりました。

身近な商品としてはグーグルやアマゾンの提供するＡＩスピーカーでしょう。また、何かと話題の自動運転に不可欠な画像認識などさまざまな産業分野でＡＩ技術の開発・活用が加速されています。ビッグデータもＡＩによる高度な分析があってはじめて価値を持ち

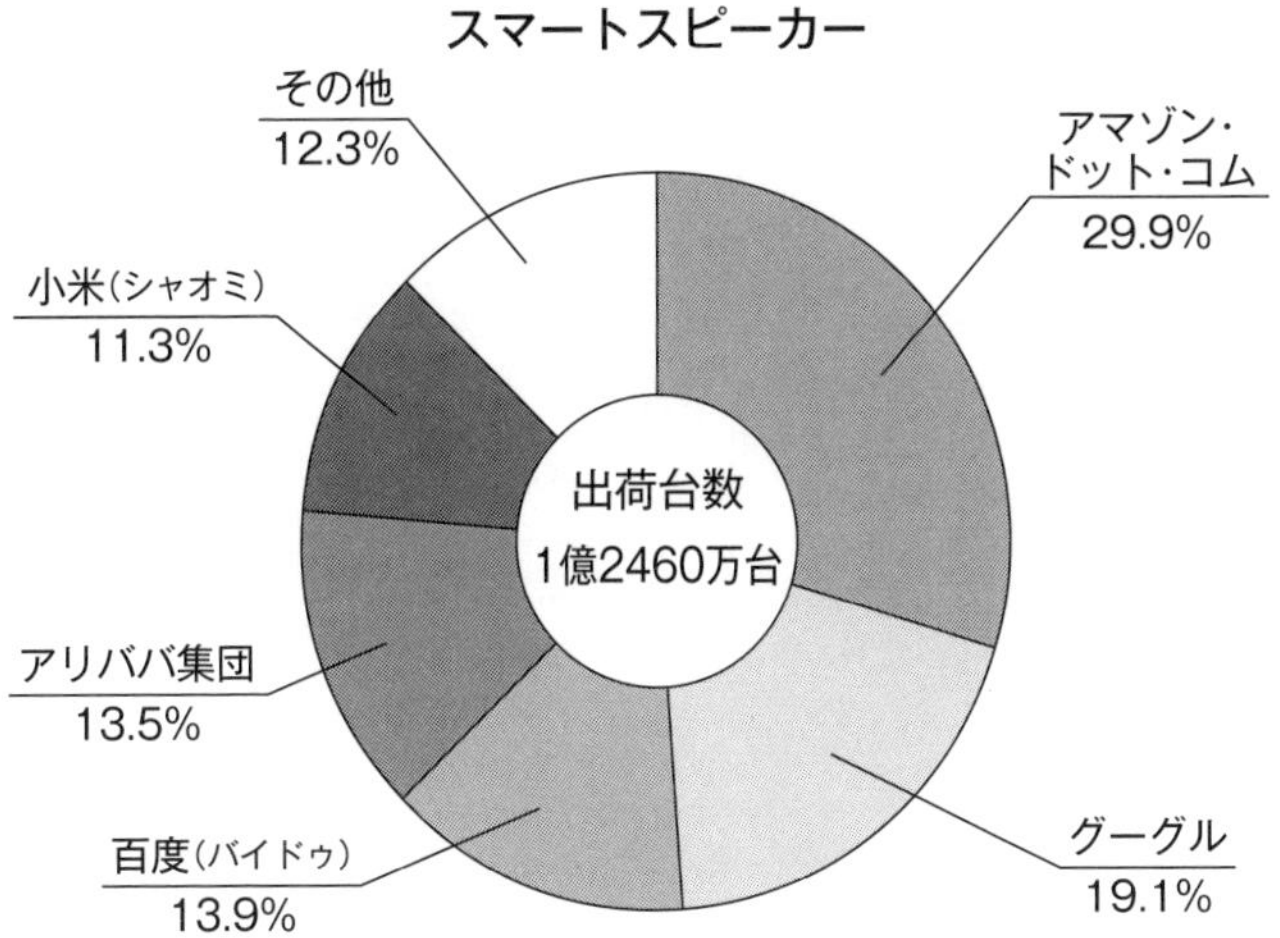

出所：米カナリス

ます。

ＧＡＦＡのなかでもグーグルは全方位でＡＩに投資しています。グーグルといえば検索エンジンですが、同社は開発したＡＩを自社サービスでも利用しています。検索や画像認識によるクラウドの写真の自動分類でも活用しています。

自動運転では**ＦＣＡ**（**フィアット・クライスラー・オートモービルズ**）や**ジャガー・ランドローバー**と提携し、公道で走行実験も行っています。また、ゲームでは英ベンチャー・**ディープマインド**買収で開発した囲碁ソフト「アルファ碁」が記憶に新しいでしょう。

ＡＩシステム「グーグルアシスタント」搭

載のスマートスピーカー「Ｇｏｏｇｌｅ Ｈｏｍｅ」は、アップルのｉＰｈｏｎｅに搭載した質問応答ＡＩ「Ｓｉｒｉ」、アマゾンのスマートスピーカー「Ｅｃｈｏ」に搭載されたＡＩアシスタント「Ａｌｅｘａ（アレクサ）」と三つ巴で争っています。

そして、この3社は半導体分野にも参入しています。グーグルはＡＩ用半導体「ＴＰＵ」を、アップルはｉＰｈｏｎｅ向けアプリケーションプロセッサーとＣＰＵを自社開発しています。アマゾンはイスラエルの半導体スタートアップを買収しています。

また、この後でみるクラウドではクラウドサービスの絶対王者アマゾンの「ＡＷＳ」にグーグルは挑戦者として「グーグルＡＩ」で挑んでいるかっこうです。

アップルはＡＩ関連のスタートアップの買収にも積極的です。カメラによる感情認識ベンチャーの米**エモーシャント**や機会学習プラットフォームの**トゥーリ**、エッジＡＩ開発の米**Xnor.ai**など相次いで買収しています。

アマゾンもＡＩを自社サービスに利用し、ＥＣでの需要予測や、レコメンデーション（顧客の好みを分析して、顧客ごとに適すると思われる情報を提供するサービス）などに活用しています。

フェイスブックは投稿されるテキストや動画をＡＩで把握し、やはりレコメンデーションやフェイク動画の削除などにも活用しています。また同社はシリコンバレーやパリなどにＡＩ研究拠点を構え、画像認識・自然言語処理などに取り組んでいます。

中国市場の強みをもつBAT

一方、ＧＡＦＡに対抗する中国勢は、国家が全面的にバックアップする5大ＡＩ企業があります。いわゆるＢＡＴに加え、中国屈指の音声認識・合成技術を持つ**科大訊飛（アイフライテック）**、ディープラーニングを活用した画像認識技術で先行し、ホンダとも自動運転分野で共同研究する**商湯科技（センスタイム）**があります。このセンスタイムにはアリババが出資しています。

ほかにも公安も採用する顔認識プラットフォーム「Face++」の**曠視科技（メグビー）**があります。

アリババはクラウド上でＡＩサービスを展開し、専用半導体の開発にも着手しました。またＡＩチップを自社開発する方針です。新型コロナの肺炎診断システムにもＡＩを活用しています。

「中国のグーグル」と呼ばれる検索最大手バイドゥ（百度）は、ＡＩ技術のオンラインプラットフォーム「百度大脳」を提供しています。中国政府は、17年に百度を自動運転車分野で国家プロジェクトのリーダーに認定し、同年４月から自動運転技術を推進する計画である「アポロ計画」を発足させています。このプログラムには、自動車会社では**ＧＭ**や**ＢＭＷ**、**フォルクスワーゲン**、ＩＴ企業では**インテル**などで、海外企業も参加しています。そして、おそらく海外企業は中国で自動運転車を販売したければ、バイドゥのソフトを搭載しろという条件を出されることになるでしょう。また、バイドゥは自動運転分野でソフトバンクＧから英**アーム**を買収した米**エヌビディア**と提携しました。

テンセントは医療ＡＩ画像分析・診療補助の「覓影（ミーイン）」などを開発し、米シアトルにＡＩ研究所を設立しています。17年にはＡＩサービス「智能雲」を発表しました。

また、ティックトック売却をめぐっては、中国政府は対抗措置としてＡＩの禁輸に乗り出しました。「輸出禁止・輸出制限技術リスト」の改定を8月下旬に発表しましたが、リストには「ＡＩ相互作業インターフェース技術」や、「データ解析に基づく個人情報提供サービス」などの文言が追加されて、ティックトックのＡＩやアルゴリズムの保護を念頭においています。中国はただでさえ世界最大の人口を持ち、かつ個人情報の利用が容易なので、高度なアルゴリズムを使ったＡＩ開発に有利です。関連特許の出願件数では17年から米国を抜いて世界首位です。

アルゴリズム（計算方法）とは大量のデータをどんな順番でどのように計算するかという「やり方」のことをいいます。ＡＩに搭載するアルゴリズムが優れていれば、データ分析などの精度や速度が増し、個人情報など入力するデータが多いほど完成度が高くなります。中国が有利と言われるゆえんです。米中が全面対決するなかでＧＡＦＡが中国市場を諦めないのも同様の理由からです。

ＡＩの開発競争が激しくなり、各国は技術流出を防ぐルール強化を進めており、米国では米国輸出管理改革法（ＥＣＲＡ）で制限していることはすでに述べました。日本でも遅まきながらＡＩなどの次世代技術について輸出規制の対象に含める方向で検討が進んでいます（第６章参照）。

AI市場を開発力で勝負する日本勢

日本勢は規模こそ小さいですが、開発力で存在感を示しています。**日立**、**富士通**、**NEC**、**野村総研**といった大手だけではなくベンチャーも育っています。ざっと眺めていきましょう。

ディープラーニング開発ではグーグルが出資するスタートアップの**アベジャ**や、**トヨタ**や**ファナック**などが出資するスタートアップの**プリファードネットワークス（PFN）**があります。アベジャは、マニュアル作成に活用するために熟練工の作業工程をAIが分析したり、工場での需要予測など製造、物流、小売、インフラ、ITなど幅広くサービスを提供しています。

PFNはトヨタとは自動運転用AIを、学習する産業用ロボットや工作機械でファナック、ビッグデータ分析で日立製作所、音声音響処理や自然言語処理などで**NTT**と開発を進めています。

将棋AIの開発で秀でた技術を持ち**SMBC日興証券**との株式ポートフォリオ診断サー

ビスや、竹中工務店との空間制御システムなどを共同開発するＨＥＲＯＺ（売上高15億円〈『会社四季報２０２１年度版業界地図』より。以下同〉）、東京大学の松尾豊研究室出身者を中心に２０１２年に創業しディープラーニング学習や言語解析などのＡＩアルゴリズム機能を開発・ライセンス販売するPKSHA《パークシャ》 Technology（同30億円）も頭角を現しています。

音声認識・合成ではＡＩ活用の高精度な機械翻訳サービス・ソフトを開発・提供し、法務、医療など専門的な産業向け翻訳に特化するロゼッタ（同39億円）、人が話す言葉を文字に置き換える音声認識エンジン「アミボイス」が中軸で、議事録作成サービスにも参入するアドバンスト・メディア（同47億円）、人の声に近い音声合成エンジン「AITalk」を開発し、防災無線用途や個人向け「ボイスロイド」などを提供するエーアイ（同８・１億円）、音声認識技術・アプリ開発に強く、通貨処理のリーディングカンパニーで、日本国内外首位のシェアを誇るグローリーが筆頭株主であり、同社と生体認証の共同研究をするフュートレック（同27億円）が注目です。

画像認識ではスマホ用画像・動画処理ソフトが中核で、フィンランドのＡＩ開発企業を子会社にし、デンソーと自動運転分野を共同開発するモルフォ（同26億円）、トヨタが出資し、ビッグデータ分析を主軸に、自社開発の強みを持つＡＬＢＥＲＴ《アルベルト》（同23億円）、車載部品メーカー向けに先進運転支援システム（ＡＤＡＳ）関連の動画認識ソフトを開発するフィーチャ（同２・８億円）など。

ほかにも、ＡＩ搭載のデジタル身分証や文字判読業務自動化サービスを拡大するダブルスタンダード（同36億円）、創薬支援、認知症診断などのＡＩ開発に特化し、訴訟時の証拠保全へ電子データを収集・分析などを手掛ける、リーガルテックＡＩ事業が柱のＦＲＯＮＴＥＯ（同１０４億円）、ビッグデータの解析やＡＩを使った業務支援ツールを開発し、オンライン授業中の学習態度分析ＡＩも進めるユーザーローカル（同13億円）。金融機関や公共向け開発コンサルが主軸で、無人ＡＩレジを開発・販売し高輪ゲートウェイ駅に「アマゾンＧＯ」顔負けの無人ＡＩ決済店舗を開業したサインポスト（同21億円）など。

なお以上の企業のなかであえて懸念を述べれば、フュートレックとフィーチャの中国との関係です。前者は中ＡＩ大手のアイフライテックと音響処理技術に関してのパートナーシップ契約を締結しており、後者は中国に開発子会社を持っています。米中が激突しているなかでどのような影響がでるか注視する必要があるでしょう。

ビッグデータ市場を席巻する中国

ビッグデータとは、総務省による定義では、「事業に役立つ知見を導き出すためのデータ」となっていますが、じつは明確な定義があるわけではありません。

米調査会社ガートナーのアナリストであるダグ・レイニーは、ビッグデータを定義するにあたって「Variety（種類）」「Volume（容量）」「Velocity（速度）」を挙げています。ビッグが示すように容量が大きいだけでなく（数テラバイトから数ペタバイト程度のデータ量を指す場合が多い）、種類――従来の構造化データだけでなく、テキスト、音声、ビデオ、ログファイル、位置情報、センサー情報などの「非構造化データ」を含む――を高頻度で高速に処理したもの（あるいはリアルタイム情報を指す）です。

ポイントになるのはビッグデータを分析するのは人間ではなく、ＡＩだということです。ＡＩのような高度な分析で将来予測やリスク管理などさまざまなサービスを提供するわけですが、その全貌はまだ見えていません。そのため、そもそもその有効性を疑問視する声さえあるのですが、間違いなく膨大な利益をえているのがＧＡＦＡや中国のＢＡＴなどプラットフォーマーです。

SNSの検索履歴や利用者の発信内容、位置情報はターゲット広告に、リアルタイムの購買状況や顔認識での店内行動履歴は、売り上げ動向に合わせたダイナミック・プライシング（市場における需要状況に応じて価格を変動させて、需要の調整をはかり利益を最大化する手法）、売り場の改善提案、サプライチェーンのリスク軽減に、車や道路に設置されたセンサーや衛星画像でのトラフィック情報、雨量などの気象データは、渋滞予測をしたナビゲーション、信号制御などでのトラフィックコントロール、インフラ劣化や災害予測に——といったように、利用活用は拡大しています。ほかにも、設備の稼働状況やウエアラブル端末の計測値やバイタル、医療画像、時事、経済イベント、株価などの市況データ、通販利用、支払い状況、行動傾向などの個人データなど取得するデータの種類も増え、さらにIoTの発展によりデータ量が増大するのです。

そうしたなか、14億人の国民から国を挙げてデータを収集しているのが中国です。

たとえば、フィンテック（ファイナンスとテクノロジーを組み合わせた造語）分野でもアリババとテンセントが、中国共産党の後押しを受けて中国市場を寡占しています。スマートフォン決済ではアリババ系のアリペイおよび、テンセント系ウィーチャットペイの電子決済システムが14億の国民の７割にまで浸透しているというから驚きです。カード払いや電子マネーによるキャッシュレス決済が２割弱にとどまる日本とは対照的でしょう（２０１５年時点、経産省の調査）。

２つの電子決済システムを通して、共産党は10億人もの人々がもたらすビッグデータを一手に握っているわけです。

このシステムを利用するには、ユーザーは現預金、現預金以外の資産、交通違反から始まる懲罰歴、交友関係など個人データを全部登録しなければなりません。そして、それらをもとにしてＡＩが点数をつけ、ランクづけをする。点数が高ければ信用力があるとして、シェア自転車の保証金がタダになったり、海外旅行でＷｉ-Ｆｉルーターが無料で借りられるといった特典がつくわけです。あるいは、無担保でお金を借りることができたりします。点数を上げるためにユーザーが何をすればいいのかの指示もアプリからくるのです。まるでゲーム感覚で支配される恐ろしい世界です。

いうまでもなく、これは共産党にとって強烈な「監視・支配のツール」になります。つまり、人々のすべての行動や言動はスマホを通して当局に把握されるわけです。

また共産党政府は、全国に監視カメラを設置し、ＡＩを用いた顔認証で人物を特定する

「天網」というネットワークを構築しています。2017年時点で、全土1億7000万台の監視カメラが設置され、AIと顔認証システムで97・5パーセントの一致率だといいます。同時に声紋や血液による管理も進めているのです。

GAFAに対抗すべく日本企業も巻き返しをはかっています。「情報銀行」といって、ユーザーの了承をえたうえで、購買履歴などの個人情報を預かり企業に提供するサービスを官民で推進しています。これは世界でも珍しい取り組みだと評価されています。

個別でも、富士通はスーパーコンピューター「京」で、開発した高速処理技術でビッグデータのデータ分析サービスを展開しています。NECは創薬分野でのビッグデータ分析に強みがあります。住友商事グループのシステムインテグレーターであるSCSKはビッグデータ分析向けの従量課金型ストレージサービスを展開しています。

クラウド3強はゲームでも激突

クラウドサービスとはIT企業などが自社のデータセンターに保有するソフトウエアやハードウエア、データなどをインターネット経由でユーザーに提供するサービスで、同じものを自社で用意するより格段に安いため急速に普及しました。

ＳＮＳのツイッターやフェイスブックのブログサービス、グーグルのＧメールを思い浮かべてもらえばいいですが、無料で使えるサービスも多い。

クラウドは非ＩＴ業界にもデジタルシフトを促す「デジタルトランスフォーメーション（ＤＸ）」の土台を担っており、自社でサーバーを保有する「オンプレミス」のシステムから移行する企業が増えています。オンプレミスはコストだけでなく手間がかかり柔軟性にかけていたからです。

米ガートナーによると、複数の企業や個人が共同で利用するパブリッククラウドサービスの２０２０年の市場規模は、コロナ禍でありながら前年比７・４％増の２５９０億ドルを見込んでいます。また、国内市場でも今年の２０２０年には１兆円を超えるとみられています。

企業向けクラウドインフラは既述のようにアマゾンの１強で、アマゾン・ウェブ・サービス（ＡＷＳ）は２００６年にサービスを開始して以来、世界数百万社が採用し、シェアでも３割強、日本国内でも首位を独走しています。仮想サーバーの「ＥＣ２」など、ＩａａＳ（インフラストラクチャー）で他社を圧倒し、各業界の世界大手や各国政府機関も採用しています。

アマゾンは19年の売上高30兆円を超え、クラウド事業は3兆7688億円と約1割にすぎませんが、営業利益1兆5498億円に対しては9900億円と6割近い比率を占め、AWSがアマゾンにおいていかに重要かがわかります。ちなみにアマゾンといえばおなじみのEコマース（EC）は売り上げこそ20兆9830億円と巨額ですが実は薄利です。

そのアマゾンを追撃するのが、マイクロソフトです。14年からクラウドプラットフォーム「アジュール」を中核にクラウド事業を強化し、シェアも2割近くまで伸ばし、AWSと2強の様相を示しています（日本国内でも第2位）。個人向けを合わせた売上高だけでいえば、AWSを約2400億円ほど上回っています。19年には米国防総省のクラウド選定でアマゾンに競り勝ちました（アマゾンは提訴）。

一方後発のグーグルは、インフラストラクチャーの「グーグル・クラウド・プラットフォーム（GCP）」と、オフィスとプラットフォームの「G Suite」を主力に攻勢をかけます。また、ビッグデータ分析基盤「BigQuery（ビッグクエリ）」も評価されるものの、シェアは伸び悩んでいます（クラウド部門の売上高9595億円）。

アマゾン、マイクロソフト、グーグルの3強はクラウドゲーム市場でも激突しそうで

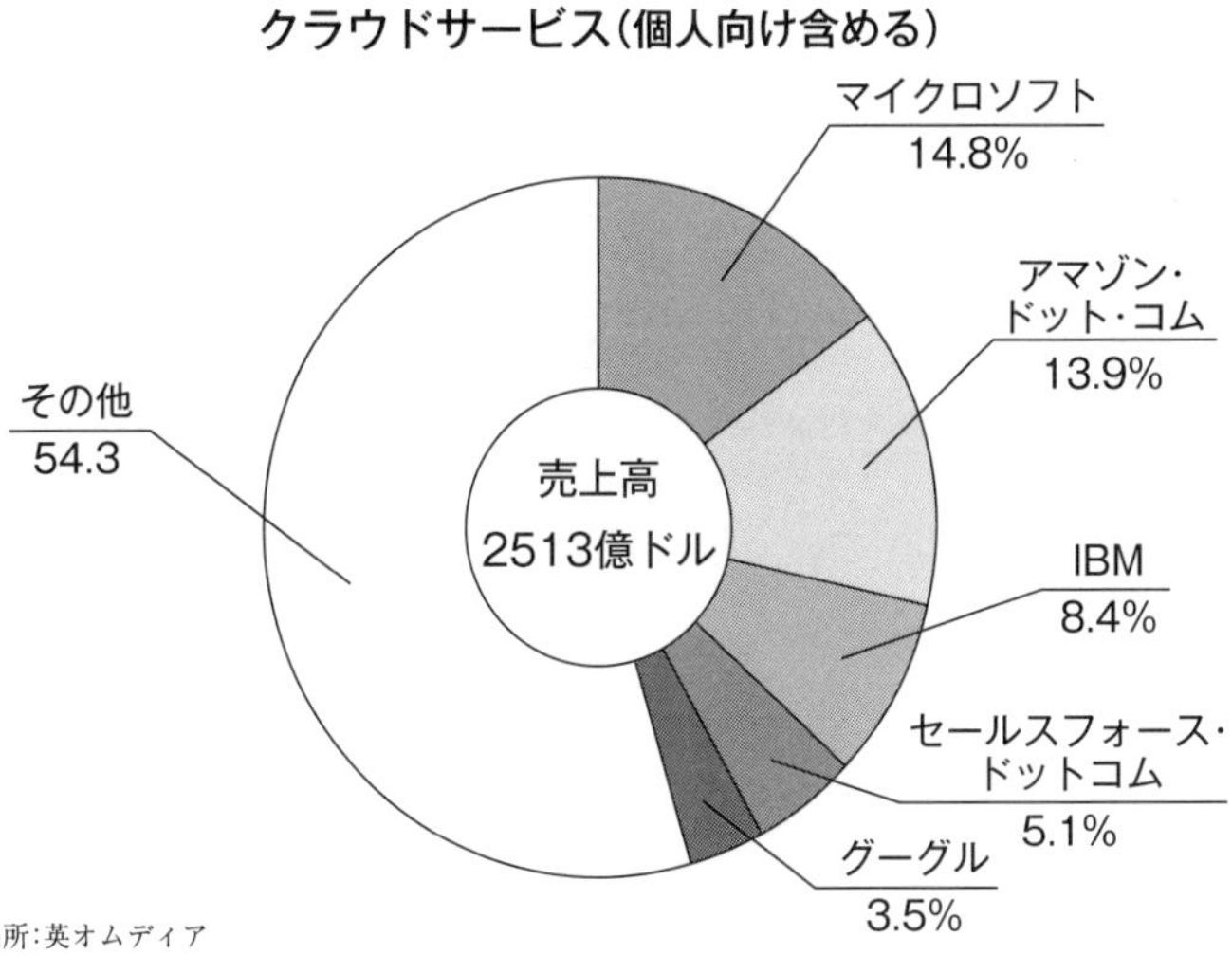

出所：英オムディア

す。すでに19年からクラウドゲームに参入していたグーグル、20年9月からクラウドゲームの本格提供が始まり、11月には「Ｘｂｏｘ」の新型機を投入するマイクロソフトに続き、アマゾンが21年前半にもクラウドゲームしています。「Ｌｕｎａ（ルナ）」を引っ提げて参入を予定で50種類以上のゲームが遊べ、先行するマイクロソフトよりも半額に近い値段です。20年のクラウドゲームの市場規模は約６３２億円規模ですが、コロナによる巣ごもり需要の高まりもあり、23年までに４９００億円まで拡大すると見込まれています。ゲームはもはやゲームをするだけでなく、ゲームの世界でライブが行われたり、選挙活動に活用されたりと、プラットフォームになりつつあるのも、クラウド3強が事業を強化する理由となっています。

もちろん、ゲームはソフトが面白くなければ話にならないので、3社による買収競争も高まることが予測されます。すでにマイクロソフトは米ゲームソフト大手、**ベセスダ・ソフトワークス**の親会社を買収すると発表しました（9月21日）。クラウド大手と日本企業も強いソフト業界の陣取り合戦が加速するでしょう。

データセンターでも市場を奪い合う米中企業

ところで、クラウドサービスは主な提供形態が3段階あります。AWSのようにサーバーやCPU、ストレージ（データ保存領域）などのインフラを提供するのが「IaaS（イアース）」、アプリケーションを稼働させるための基盤（プラットフォーム）まで提供するのがPaaS（パース）、さらに組版ソフト・インデザインやイラストレーターの**アドビ**など、アプリケーションソフトまで提供するのが「SaaS（サース）」です。

PaaS、SaaSのパイオニア的な存在で注目されているのが米**セールスフォース・**

ドットコムです。主力の顧客管理（ＣＲＭ）はソリューション世界で圧倒的首位を保ち、ＳａａＳ市場でもＯＳ「ウインドウズ」や、ビジネス用ソフト「オフィス」を要するマイクロソフトについで第2位の売上高です。同社はＣＲＭを基軸に、業務アプリケーション連携ソフトや、マーケティング支援ソフト、データ分析ソフトなどＳａａＳベンチャーへの投資も活発です。２０１９年8月にはデータ分析大手の**タブロー**を買収し、ＡＩ技術の開発や応用にも力を入れています。日本市場でも積極的に事業を拡大しています。

中国勢では、シェア約46％のアリババ（クラウド世界4位）と、18％のテンセントの2強が中国市場を占めています。東南アジアの市場をめぐっては、アリババとアマゾン、グーグルがしのぎを削っています。

たとえば、人口2億７０００万人と世界4位のインドネシア市場に、グーグルはデータセンターを開設し、ＡＩをつかったビッグデータのサービスをまもなく始める予定です。グーグルはすでにシンガポールにもデータセンターを開設していました。アマゾンは２０２１年末から22年初めにデータセンターを開設予定です。アリババはもっと積極的で、18年、19年に続き21年には３カ所目を開設する予定となっています。

国内では今秋以降に政府機関のクラウド活用が本格化します。アマゾンに押されてきた富士通やＮＥＣといった国内ＩＴ企業も、政府向けで挽回しようとサービスの強化を急いでいます。

富士通は大企業、公共団体への営業網に強みがあり、悪しき自前主義を撤回し、マイクロソフトやＶＭウェアと連携を強め対抗する。同様に公官庁にパイプを持ち、金融や流通向け法人ＩＴサービスが強いＮＥＣもクラウド事業では顧客所有型とオープン型の組み合わせで展開します。

また、大手だけでなくベンチャーも、法人向けクラウド名刺管理サービスのＳａｎｓａｎや法人向けクラウド会計ソフト「会計フリー」と人事ソフト「人事労務フリー」のｆｒｅｅｅも19年に大型上場を果たして以来、存在感を高めています。Ｓａｎｓａｎは前述のセールスフォースとも連携しています。

ビッグデータの長期的な価値に強みを持つ中国

「データは新しい石油である」という認識は広まり、これまでみてきたように石油と同様にビッグデータをめぐり、国家同士の奪い合いも行われていますが、われわれにはその価値がよくわからない、というのが問題です。つまり、自分の個人情報に価値があることはわかっても、ＧＡＦＡのようにビッグデータとして石油のような価値にまで高める方法がよくわかりません（ビッグデータを分析するクラウドソフトも提供されていますが）。しかし、データの価値についての研究も進みだしました。一説によると私たちの情報の価値は２０２２年までに１９７７億ドルに達し、米国全国の農業収益を超えるという報告もあります（米ソネコンの分析）。

米政権は７月22日、テキサス州ヒューストンの中国総領事館を７月24日までに閉鎖するよう中国政府に命じ、その理由を「米国の知的財産権と米国民の個人情報を守るため」の措置としていましたが、フィナンシャルタイムズのコラム（「中国、データの掘削で独走」）によると、「総領事館を通じて持ち出されたのは、エネルギーや農産物などの商品をめぐる、投資、生産、流通、貿易に関与する企業などが集めた、生のデータ」であるといいます。

世界最大のエネルギーや農産物の消費国である中国は、データの取得により理論上これらの市場で優位に立つことができると分析するのですが、ただ、データの価値は石油と違って「誇張されている面もあり、理論上、高い価値のあるデータの多くは、少なくとも、現在は利用に適さず、ほかのデータとの間で有益な結合もできない」。ただし、長期的にみると中国企業が略奪したデータの価値が高まる可能性があり、かつ中国企業はそれが利用できるまで、待つことができる強みを持つというのです。

しかし、価値があるからこそ、奪い合いになり、紛争の種になり、分割や清算の動きが発生するわけです。また、そのグローバル性やボーダレス性が、その弱みにも変化するのです。各国政府は政府を超える存在を認めません。そして、それが国境のないインターネットの世界で行われていることであっても、世界各地で行っている事業はそれぞれのユーザーの国の法律で縛られる。国家に逆らえば、国家から葬り去られる運命にあるのです。

次章ではその動きを一望したいと思います。

第3章

ビッグテックに逆襲する国家

日本にとって一番の破壊力はアマゾンか？

日本社会にとって、ＧＡＦＡのなかでも一番破壊力をもっているのはアマゾンかもしれません。世界市場では30兆円を超え、日本市場だけでも約１・７兆円の売上高を誇っています。ネット書店からはじまったＥＣはいまや、他社ブランドや海外製品、あるいは戒名さえも、売らないものはないといえるほどの商品を用意し、アマゾンの会員によりお金を使ってもらおうと、キャッシュレスサービスのアマゾンペイを導入し、各社のＥＣサイトや店舗で利用できるようになっています。現状はヤマトなど国内運送会社と手を結んでいますが、アマゾン自身が流通業を支配しようという野心を隠していません。あらゆる流通経路を牛耳ることで、アマゾンは事実上すべての商取引のプラットフォームになることを目指しているのです。米国ではすでに、収益率の高い配送ビジネスを自分で行い、費用のかさむ儲けの少ない地方都市への配達は、郵便公社に請け負わせるという選択ができるようになっています。

また、ＥＣのみならず、「ラストワンマイル」をめぐり無人コンビニである「アマゾン

GO」を出店し、小売業界を戦々恐々とさせています。

アマゾンは、全世界のクラウドのキャパシティの3分の1以上を占有し、ビッグデータを収集し、同社の膨大なオペレーションの管理に利用しているし、CIAに非機密扱いの情報も提供しています。そして、コロナ禍のテレワーク向けにも、アマゾンの子会社が会社のPC画面を自宅PCで表示する仮想デスクトップ「Amazon WorkSpaces」やビデオ会議ツール「Amazon Chime」を提供しています。

アマゾンは航空貨物サービス「アマゾン・エア」で事業用の航空機を80機余りに増やし、また、宇宙開発にも参入しています。創業者ジェフ・ベゾスが2000年に立ち上げた会社「**ブルーオリジン**」では再利用型ロケットを開発し、エンジン供給も行い、最近では約300兆円の市場規模を有する米ヘルスケア業界へも進出しています。独自の供給網、各家庭にある健康管理器具、病院や診療所などから次々と送られてくる個人情報を使って、処方薬の購入や健康保険プランの選択と加入の仕方など提供しています。

ジェフ・ベゾスは純資産1120億ドル（約11兆6480億円）と「フォーブス」が選ぶ世界一の大富豪です。

GAFAの脅威から大企業も合併

グーグルが本当に恐れているのはアマゾンです。毎日60億件の要求を処理する検索エンジンで絶対王者を誇るグーグル相手に健闘しているのはアマゾンのみです。米国では商品を探す人の約44％はまずアマゾンで検索しているといいます（ブルームリーチ）。したがって、広告料もアマゾンに流れています。

世界最大の広告購入者であるWPP（全世界の大手企業の広告代理店）は3億ドルを「クライアントのために去年アマゾン検索広告に」費やしましたが、本来はそのうちの75％（2億2500万ドル）はグーグル関連の広告に使う予定だったものだとコメントしています（「ウォール・ストリート・ジャーナル」2019年4月4日）。

しかし、このようなアマゾンの事業拡大の裏には多くの個人商店や中小企業が死屍累々で、そればかりか大企業でさえも倒産の危機感を抱いています。AT&Tとタイム・ワーナーの合併が話題となりましたが、これを促したのはネットフリックスとアマゾンが膨大な額をオリジナルのテレビ番組の制作に投資したからです。

日本でも新聞や雑誌が売れなくなり問題化していますが、米国では2018年までにグーグルやフェイスブックをはじめとしたネット広告が広告市場の60％を占めた（「ロイター」2019年6月5日）ことによって、2004年から2018年までにおよそ1800の新聞が廃刊しました（「ウォール・ストリート・ジャーナル」2019年5月4日）。そのため、200の郡で新聞が一紙も発行されていないというのです。2017年には同年内に米国では300万人がケーブルテレビの利用者が解約しています。これは前年に比べると33％増加です（「バラエティ」2017年9月13日）。

97年から2012年にかけて、調査対象になったおよそ900の業種の3分の2で集中が進んだのですが、その際、各業種のトップ4企業の加重平均市場シェアが26％から32％に増加していたことがわかりました。驚くべきことにその理由が、どの業種に属していようと、すべての会社がGAFAに抵抗するためには大きくならなければならないと考えたからだといいます（「エコノミスト」2018年11月17日）。

企業の合併と買収の数が過去最高を記録したのは、2018年で、その多くは既存のビジネスモデルを混乱にもたらした大型デジタル企業に抵抗するために大企業が行った合併吸収によるものでした。

たとえばＣＶＳがエトナ社を買収したのは、ヘルスケア事業に乗り出してきたグーグルとアマゾンに立ち向かうためだったし、アマゾンがホールフーズを呑み込んだとき、ウォルマートはインドの大手飲料雑貨店であるフリップカートを買収しました。

21世紀フォックスをめぐるディズニーとコムキャストの争い、２０１８年に連邦通信委員会に提出されたＴモバイルとスプリントの合併案などもそうです。

しかし、そのような合併でできた大企業でさえもＧＡＦＡに比べれば決して大きくない（『邪悪に堕ちたＧＡＦＡ』）。２０１９年にアップルも、エンターテイメントおよびメディア事業に本腰を入れると発表しました。

グーグルはユーチューブ上で、最大50チャンネルのプレミアムコンテンツを月額49・99ドル（約５２００円）で販売しています。ネットフリックスは２０１８年だけでコンテンツの制作に１３０億ドル費やし、アップルとフェイスブックもオリジナルコンテンツをつくるために、同年にはそれぞれ10億ドル投じています。

「支配的地位乱用」の実態

ＧＡＦＡをはじめとしたビッグテックが支配的地位をいいことに、市場ルールをゆがめている問題は近年顕在化しています。

7月末にＧＡＦＡの最高経営責任者（ＣＥＯ）を呼んで開かれた米下院公聴会は話題になりました。公聴会で各議員は右から左から交互に4人をつるし上げたが、そのさい、下院で電子メールなどの内部文書も公表されました。それを読むとＧＡＦＡが市場の「寡占」を守るために、ライバルを徹底的につぶしにかかる姿勢が見て取れるといいます。

たとえば、アマゾンは「略奪的価格設定（predatory pricing）」戦略といって採算度外視の価格設定でライバル社をつぶします。２００９年に**ダイパーズ・ドット・コム**という企業が赤ちゃん用品の通販市場で台頭すると、アマゾンのある幹部は「おもちゃ通販では**トイザラス**に先行されたが、我々は彼らより5％安く値付けする社内ルールをつくって対抗した。（ダイパーズにも）同じ手法が可能」と提案したといいます（8月31日付「日本経済新聞」）。

その件については、公聴会の本番でも、民主党の女性議員が「ダイパーズ社を追い詰める作戦が発動され、そのために1カ月で2億ドル（200億円強）の損失まで認める、と読める社内文書がある」と追及しています。結局、ダイパーズの親会社がアマゾンの買収提案を受け入れました。

アマゾンのアレクサも560万ドルで買収したスタートアップの音声アシスタント技術をほぼそのままコピーして開発されたものです（「ガーディアン」2017年10月20日）。

フェイスブックはライバルをつぶすためにスタートアップの**オキュラス**を買収しています（2014年）。**インスタグラム**、**ワッツアップ**を買収したのも同様の理由です。アップルはアプリの配信をめぐって有力ゲーム「フォートナイト」の開発元や音楽配信のスポティファイ（スウェーデン）と係争を抱えています。

2010年以降にフェイスブックが買収した数は79件、アマゾンが89件、グーグルは120件に上ります（『邪悪に堕ちたGAFA』）。

GAFAは自社の脅威となるライバルを買収しまくっているために、大半の起業家が挑戦するのではなく、いずれGAFAからの買収を目指して会社を立ち上げるようになってしまいました。つまり、明らかに市場のルールをひずませているのです。

その一方で、グーグルやアップルなどは、ＧＡＦＡ間でカルテルのような関係を結ぶために「引き抜き禁止」の雇用契約を結ぶことが知られています。

ニューヨークタイムズ（２０１８年12月18日）によれば、フェイスブックは**エアビーアンドビー**、**リフト**、ネットフリックスなど自社と直接競合しないと判断した企業や、**カナダ・ロイヤル銀行**など非テクノロジー企業に対してはデータにアクセスすることを認めているといいます。

しかし、ツイッターが所有するビデオアプリの「ヴァイン」などフェイスブックからライバルとみなされた会社はデータへのアクセスが拒否されたり、ネットワークから締め出されたりしました。２０１３年にツイッターがヴァインをリリースしたとき、実際にフェイスブックは同社がフェイスブックのフレンドデータにアクセスするのを遮断しました。

また、フェイスブックは、データ保護やプライバシーに関する問題が噴出しています。２０１６年の米大統領選中のユーザー情報漏えいでは徹底的な調査を求められました。

マイクロソフトの検索エンジン「Ｂｉｎｇ（ビング）」には、フェイスブックユーザーの友人の名前を本人の同意なしで知ることができるようにし、同様にネットフリックスとスポティファイには、プライベートなメッセージの閲覧を許していました（「ＡＦＰ通信」

２０１８年12月20日）。

グーグルもマスターカードと手を組んで、オンライン広告が実際の店舗における購買を促したかどうかを調べるために、カード所有者の知らないうちに彼らの足取りを追跡したことも発覚しています（「ブルームバーグ」２０１８年９月３日）。

対エピックでみえたアップルの本性

そうしたなかで、アップルvs.**エピック**の訴訟が注目されています。ゲーム会社のエピックがアップルにたいし、アプリ配信とアプリ内の決済でアップルが「反競争的」な行為をしていると訴訟を起こしました。

反競争的行為とは、「優越的な地位を乱用し公正な競争を妨げる行為」のことを指しますが、エピックが問題にしているのは自社のオンラインゲームソフト「フォートナイト」が、ゲームソフトから30％の手数料を取る「アップストア」を経由しないと、アプリをｉＰｈｏｎｅやｉＰａｄに配信できない点をあげています。このゲームは「バトルロワイヤル」と呼ばれる人気ゲームで、登録プレーヤーが世界で３億５０００万人を超えますが、基本料金は無料で、ゲーム内でコスチュームなどを買うと課金される仕組みになっている。アップルはこのようなアプリであるゲーム内での課金にも同社の決済システムを使わせ、30％の手数料をとっていました。それを不服とし、対抗してエピックがフォートナイト内にアップストアを介さない決済システムを導入したため、アップルがフォートナイトの配信を停止し、エピックが連邦地裁に提訴した、というのがその争いの経緯です。

アップルは、「エピックやフォートナイトはアップストアの仕組みのおかげで発展した」と反論し、また、反トラスト法（独禁法）違反という訴えについては、エピックが市場の定義やアップストアと決済を「抱き合わせ」と見る根拠など「（エピックは）精緻な精査を一切していない」と批判しています。反対に契約違反であるとアップルはエピックに反訴に及んでいます。

裁判の行方次第では、アップストアのルールが変更される可能性があるので注目されています。

アップルはフェイスブックともぶつかっています。プライバシー保護を名目にアップルがアプリ広告用の端末識別子「ＩＤＦＡ」の取得ルールを、新ＯＳである「ｉＯＳ14」では厳しくする方針を打ち出したためです。ＩＤＦＡは端末ごとに割り振られた固有の文字列ですが、これがないとフェイスブックなどのネット広告企業は、最悪ターゲティング広告が打てなくなります。

これまでは利用者がデータ提供を拒む設定にしない限り、端末情報を自動的に利用できましたが、ｉＯＳ14以降はアプリごとに利用者に同意を求めなければならない。そのため、広告企業側が端末情報を取得できる割合は大幅に下がるわけです。そうなるとターゲティング広告の精度が下がる。これにより外部事業者の収入が50％以上減少するとの試算もあります。

フェイスブック側は、ｉＯＳの世界のモバイルＯＳシェアは25％にとどまるため、「影響は少ない」とコメントしていますが、75％前後のシェアを持つグーグルの「アンドロイド」が同様の措置にでないとも限らない。「プライバシーの保護」か「優越的地位における乱用」かで、議論がわれるところですが、今後この問題はますます大きくなるでしょう。

「プライバシーを『基本的人権』と位置づけ、個人データを誰と共有するかは消費者が自ら決めるべきだ」というアップルの立場は確かに正当性があります。じっさいアップルは自社のネット閲覧ソフト「サファリ」でもネットの閲覧履歴などを保存する「クッキー」

と呼ぶ仕組みのネット広告への利用を制限したほか、ＡＩを使って外部企業によるデータ収集を難しくする取り組みも始めています。

また、エピックへのアップルの反論にも一理あることは間違いありません。しかし、巨大になりすぎたプラットフォーマーを一企業としてあつかっていいのか、というのが問題の本質ではないでしょうか。ＧＡＦＡは、自分たちはサービスを（それも基本無料、あるいは安く）提供しているだけだといいますが、「公益企業事業者」とみなすべきだというのは本章冒頭で述べました。その観点からすれば、いくらアップストア内のルールとはいえ、シェアが大きすぎる企業は公益性という視点をもたなければならないのではないでしょうか。ＯＳのルール変更をめぐる、アップルvs.フェイスブックも、アップルvs.エピックの訴訟もそういう問題であると私はみています。

中国にすり寄ろうとしていたＧＡＦＡ

しかし、アップルの、こと中国に対する姿勢を見ていると「個人情報保護」や「人権保護」という大義は怪しいといわざるをえません。

アップルは米国ではユーザーのデータを守る姿勢を見せ、2015年のサンバーナーディーノ銃乱射事件（米カリフォルニア州のサンバーナーディーノの障害者支援の福祉施設インランドリージョナルセンターで、重武装した2名の犯罪者によって発生した銃乱射事件。16名が死亡、重軽傷者17名）の調査でFBIに対してiPhoneのデータ開示を拒否しました。

しかしその一方で、中国共産党からの中国人ユーザーの「iCloud」アカウント運用を中国データセンターに移行せよという要請には唯々諾々と応じています。中国では米国のようなデータ保護法を守る必要がないため、共産党がデータを引き出すのが容易になるのです。ようするに個人情報保護よりも中国ビジネスを優先にしたわけです。

2020年2月には、アップルに対し表現の自由に関するより詳しい方針を開示するよう求めた株主提案が出されましたが、41％というかなり高い支持を得たものの、最終的には否決されています。

また、アップルとグーグルは中国共産党の要請に屈して検閲にも、加担した過去があります。

フェイスブックがファーウェイをはじめとした中国企業に、ユーザーの非公開情報にアクセスする権利を認めている事実が、2018年に明らかにされています（「フィナンシャル・タイムズ」２０１８年6月6日)。

グーグルも社内エンジニアの反発やホワイトハウスおよび議会の政治圧力を受けて保留しているものの、北京に研究施設をもち、現地の規則にのっとった検閲機能付きの検索エンジンをスタートさせるべきか検討をつづけていました。ＧＡＦＡと中国の関係を「米デジタル企業は、中国のような巨大で急成長する市場で活動するため、妥協する誘惑にかられている。独裁的な指導者は国民を管理する手段を強化し、米国などでも影響力を拡大しようと喜んで協力するかもしれない」(「日本経済新聞」２０１８年3月16日)と、警戒したジョージ・ソロスは正しかったのです。

フェイスブックやグーグルは規制当局の追求に対し、自分たちの会社がつぶれたら中国に対抗できないと正当化していますが、詭弁《きべん》です。彼らのようなグローバル企業の本音は、国家のことなど考えていないでしょう。それどころか、自ら「帝国化」したと言っていいでしょう。しかも「ＧＡＦＡ帝国」に支配されているのは国民ですらなく単なる「消費者」です。ですから、後に述べるように国家の逆襲を受けているのです。

ＧＡＦＡを生み出した民主党・クリントン政権の闇

しかし、よくよく考えると、市場を支配し、特権的地位を乱用するＧＡＦＡはシャーマン法でいうところの「独占企業」ととらえられてもおかしくなかったのに、それを免れているのはなぜかという疑問がわきます。それは、価格を吊り上げない限りは市場を支配した企業であっても独占にはあたらないとの解釈がまかり通っているからですが、明らかに時代に合わない。

じつは、ＧＡＦＡのようなビッグテックを生み出した背景にはクリントン政権時代（1993—2001）による法改正という問題もあります。同政権はウォール街やシリコンバレーのロビー活動により膨大な資金を受けていたため、彼らを優遇する法改正を行っており、それがいまにいたるまで尾を引いているのです。

たとえば、人材確保と従業員の士気を高めることを名目にした「ストックオプション制度」。これは、会社が従業員や取締役に対して、会社の株式を予め定めた価額（権利行使価額）で将来取得する権利を付与するもので、会社の株価が上がると利益になるインセンティブな仕組みです。

つまり、社員は株価が上がれば上がるほど利益（給料）が大きくなるので、株価を上げるために一生懸命働く、株価が上がれば会社や株主も喜ぶ、という一見良いこと尽くめの制度です。じっさい、役員報酬が尋常でない額にまで急騰しました。

しかし逆にいうと、株価を下げないために、従業員や経営者のモラルが低下した。企業の自社株買いや債務を膨張させてまで株価を吊り上げることに狂奔し、未曽有の資産バブルを生みだした。これが1990年代前期から2000年代初期にかけて起きた「インターネット・バブル」、「ドットコム・バブル」といわれるものです。日本では、1999年から2000年に膨張し2001年に弾けた「ITバブル」です。

いまでは頻繁に行われる自社株買いも、以前の米国では相場操縦等につながるとのことから禁止されていました。それが合法化されたのは1982年のレーガン政権のときですが、この問題が改めてクローズアップされ議論が再燃したのも、やはりクリントン政権時代です。前述のようにストックオプションにより株価を吊り上げるために自社株買いを行うようになったからです。

ストックオプションの弊害を是正しようと、企業に対し新しい会計基準を導入して帳簿上のストックオプションの価値を、切り下げるようとする動きが盛んになったのですが、クリントン大統領がそれを封じました。ＣＥＯに対する報酬の税控除限度額を１００万ドルに制限する規制を導入する一方で、例外として１００万ドルを超える実質ベースの支払いを認めたため、ストックオプションの形で高額ボーナスの支給が可能になってしまったのです。

　結局何が問題かというと、百歩譲って高額ボーナスの支払いの根拠が企業の株価で測られることをよしとしても、その株価上昇が経営者の経営努力の賜物なのか、低金利の恩恵や、原油価格の影響といった外部要因によるものなのかを問うことを一切怠ったからです。ようするに「株価至上主義」と化し株価が業績と乖離《かいり》するようになった。そして資本よりも負債を優先する税法と低金利が企業の自社株買いに拍車をかけ、債務が膨張した。

　このように、巨大企業のロビー活動が政治家を動かし、自社にとって都合のいいルールに変更させているのです。また、自社株買いと企業債務の膨張は現在の世界経済にとって大きな問題となっています。**ソフトバンクグループ**がその典型ですが、アップルも２８５０億ドルの現金をもつと同時に、１２２０億ドルと意外に大きな負債を抱えています。

企業発大恐慌の恐怖

　また自社株買いの恩恵を受けているのはいうまでもなく株主です。自社株買いは株価を高めるだけでなく、市場に流通する発行済株式数の減少につながるため、たとえ企業の利益成長が伴わなくても、一株当たりの利益は増加するからです。よく企業が自社株買いを発表するさいに、発行済株式総数に対する上限割合をいいますが、仮にこれが3％の場合は単純計算で一株当たり3％の利益が増すことになるのです。

　たとえば、ソフトバンクGは7月に既に発表済みの自社株買い計画で、1兆円の枠を追加し、株数の上限を2億4000万株、発行済み株式総数に対する割合を12・3％と発表しましたが、これが実施されれば株主は、一株当たり約12・3％利益が上がることが期待できるわけです。その期待から株価が上昇し、ソフトバンクGの株価は一時7048円と2000年3月以来の高値を付けました。

　株価至上主義となり、株主と経営者を富ませた半面、割を食っていたのは従業員です。米国でも日本でもここ30年実質賃金が上がっていません。米国は世界断トツの消費大国ですが、米国民の消費はクレジットカードやサブプライムローンのような借金と、株や債券といった資産価格が支えていました。したがって、株高が米国民に恩恵を与えていないわけではありませんが、その分け前は比較を絶するほど少なかった。まして日本国民の7割は株を買わないので恩恵などなかったと言ってもいいでしょう。

しかし、GAFAのようなビッグテックはここ10年間、ほかのどの会社よりも低金利で借金ができ、株高の恩恵を受けてきたのです。同時に二流企業であっても低金利で社債を発行することができました。米国の社債市場はかつてないほど盛況で、過去10年間で70％も成長し、2018年には10兆1700億ドルに到達しています（『邪悪に堕ちたGAFA』）。社債とは企業の借金ですから、つまり債務の膨張を意味します。低金利の恩恵を受けていただけのゾンビ企業が信用収縮で金利が上がれば一気に飛びます。

特に今回のコロナ・ショックとリーマン・ショックの違いは、後者が銀行を中心にした信用危機だったのに対し、今回はコロナ禍による需要不足＝企業の連鎖倒産による恐慌であり、債務が膨張している企業の耐性が脆弱だと致命的だということです。

早速その症状はでていて、国際金融協会（IIF）によると、2020年4～6月期は事業会社の債務不履行額が940億ドル（約10兆円、元本ベース）と、四半期で過去最高となりました。これはリーマン・ショック直後の約2倍の水準で、米国企業が全体の75%を占めています。すでに20年の社債のデフォルトは世界で171件に上ります。コロナは終息する気配もなく、デフォルトは今後も増えるでしょう。

その点、日本企業は財務基盤がしっかりしていますが、その日本企業でさえ銀行からの融資では間に合わず起債する企業が急激に増えている。企業発の大恐慌になりかねません。

銀行化するビッグテック

しかし、社債市場にはもう1つ別の問題があります。

じつは、そうした社債を購入していたのが、ビッグテックであることがわかったのです。

クレディ・スイス社のゾルタン・ポザールは、ビッグテックがオフショア口座で管理している1兆ドルの企業貯蓄を綿密に分析した結果、アップル、マイクロソフト、**シスコ**、**オラクル**、**アルファベット**（グーグル）などが、この種の貯蓄の80%を占めていたといいます（同前）。ポザールの計算によると、その金額のほとんどは現金ではなく債券の形で保有され、半分が、つまり40兆円以上が社債だったというのです。

つまり、こういうことです。ビッグテックが発行する低金利の社債で資金を集め、それを高金利の社債の購入にあてていたわけです。なんてことはない銀行がやっていることと同じです。低金利で借り、高金利で貸し出しその利ザヤを抜くのが銀行業ですから。そして問題なのは銀行免許もない企業が、銀行のようなことをしているリスクです。銀行のように規制を受けていないため、実態が不透明で、市場に及ぼす影響も見えない。銀行業者なら当たり前にある記録文書もない。仮にビッグテックが保有している社債が大量に売却されたり、格下げされれば市場そのものを破壊しかねないのです。端的にいって「大きすぎてつぶせない」対象が今度はビッグテックになるかもしれないのです。

ちなみに、1929年のウォール街の大暴落に端を発する世界恐慌がきっかけとなり、33年に銀行法の「グラス・スティーガル法」が制定され、それまで許されていた銀行業と証券業の兼業が禁じられていたのを、「グラム・リーチ・ブライリー法」（1999年）によりふたたび統合し、「大きすぎてつぶせない」金融機関の肥大化の種をまいたのもクリントン政権です。

それはともかく、フェイスブックのデジタル通貨「リブラ」も同種の問題です。企業が国家権力の源泉である通貨発行権を握ろうとして潰しにかかられている事例です。G20もリブラ構想に反対の立場を示しましたが、G20から出ている声明通りなら、フェイスブックは世界各国すべての運営する国で、銀行免許を取らなくてはなりません。銀行免許を取るには、それを取る条件をすべての国で満たさなければならないのですが、そうすると、自由な運用なんかできるわけがなくて、チェックのコストだけで大変なことになってしまう。銀行免許をとるというのは、FATF（マネーロンダリングに関する金融活動作業部会）が求める、本人確認をはじめとするすべての条件を整えなくてはならないので、匿名で偽のアカウントがとれてしまうような甘い加入条件のフェイスブックでは不可能です。

さらにEUが９月末に発表した「デジタル通貨規制案」はリブラにとって逆風です。同案ではデジタル通貨発行の事前承認や、ルール違反のさいの罰金制度を導入します。裏付け資産が万全に確保されているかを、欧州銀行監督局（EBA）に直接監督させ、調査や立ち入り検査の権限を持たせ、違反があれば罰金を科せるようにする。今回のようなデジタル通貨に対する包括的な規制は世界初とみられ、EUは国際基準作りの主導権を目指し、リブラ構想を潰し、欧州中央銀行（ECB）が発行をもくろむ「デジタルユーロ」を広めていく戦略でしょう。そして早晩、日米も同じような対応にでることになるでしょう。

GAFAが助長した超格差社会への怒り

GAFAが生み出した最大の問題の1つは「格差」です。時価総額が4社合計約3兆9000億ドル（約430兆円）にもなるわりに、従業員の数は多くありません。米ビッグテックの上から順にアマゾン56万6000人（アマゾンの2016年12月末時点の従業員数は34万1000人であり、1年間の人員増加分の半数近くはホールフーズ買収によるものということになる）、マイクロソフト12万4000人、アップル12万3000人、アルファベット8万0110人、フェイスブック3万5000人（『米国会社四季報 2018年春夏号』）にすぎません。

これはGAFAの基本戦略が徹底的な合理化による恐るべき「省人化」「無人化」によるもので、経営において一番の出費である人件費を極力抑えているからです。

しかもGAFAのなかで最も雇用に貢献しているアマゾンの労働条件は、決していいとはいえません。特にアマゾンの倉庫での労働は、米国の労働安全衛生評議会が２０１８年に発表した米国国内で最も危険な職場リストにも含まれています。アマゾンの従業員の多くは、デジタルな監視を原因とする平均以上のストレスと健康問題を訴えています。「ガーディアン」の調査では、ひっきりなしに事故やけがの報告があり、あるケースでは負傷した労働者に対してアマゾンは、治療を許可するよりも先に解雇を申し渡したそうです。労災申請が却下されたり、医療休暇を短縮されたりしたと報告する負傷者もいます。

トランプ大統領は、アマゾンやグーグルなどの存在について、「数千の小売業を廃業に追いやっている」と非難しています。その一方で、トランプ減税により外国の銀行口座から米国に戻ってきた資金のほとんどは株式の買い戻しに利用されました。「ブルームバーグ」によると、２０１８年にはテクノロジー部門のトップ10企業だけで１６９０億ドル以上を自社株の買い戻しに費やし、業界全体ではおよそ３８７０億ドルだったといいます。

しかもビッグテックは国内に税金を払わないために外国へ資産を持ち出しています。クレディ・スイス社が２０１９年に行った調査によると、外国へ資産を持ち出している企業のトップ10にはアップル、マイクロソフト、オラクル、グーグル、クアルコムなど、６０００億ドルを海外の口座で管理しているといいます。

また、本社をタックスヘイブン（租税回避地）などに移転し、母国アメリカに税金を支払わない仕組みを構築してきたのも周知の事実です。

２０１６年4月に発覚した「パナマ文書」により、グローバリズムという仕組みが、一握りの人たちだけにしか恩恵を与えない搾取構造であることがバレてしまいました。加えて、ＧＡＦＡなど巨大ＩＴ企業やグローバリストの実態は、フリーライダー（タダ乗り屋）にすぎず、各国に税金を払わず、恩恵だけを受けているということも明らかになりました。

こうしたグローバル企業に対する怒りが、世界中で爆発しているのです。トランプ大統領が支持されているのも根底にあるのは、グローバル企業への怒りがあることも忘れてなりません。

親中企業を批判した米司法長官

したがって、米国がグローバリズムで成長してきた中国への警戒感を示し、米中貿易戦争を仕掛けるなかで、中国に進出するＧＡＦＡをはじめとしたグローバル企業への締めつけが強まるのも、きわめて自然な流れなのです。そもそも、GAFAが中国事業の拡大を急ぐのは、世界最大のインターネット巨大市場をねらってのことでしょう。このような海外企業が、間接的にとはいえ中国の監視体制や、人権抑圧の片棒を担いでいることは、もっと批判されてしかるべきです。

20年7月、バー米司法長官は、ウォルト・ディズニーやGAFAなど中国に近過ぎるとみなす国内企業を「外国代理人」として扱うと警告しました。根拠となる「外国代理人登録法」は1938年に制定されたもので、政治的権能を持つ外国勢力の利益を代弁する団体は、司法省に登録して情報を開示することが義務づけられています。米政府機関や議会に対して、秘密裏に影響を及ぼす工作がなされるのを防ぐのが目的で、違反すれば刑事訴追される可能性がある。したがって、米中を股にかけて中国から甘い汁を吸う企業は米国から排除されることになるでしょう。

中国に忖度した米企業としてやり玉に挙げられたのは、映画製作会社、**マーベル・スタジオ**で、同社が人気のアメコミを下敷きにした「ドクター・ストレンジ」で、原作ではチベットの僧侶を別の国籍に改編したとの批判を受けました。

また、アップルは香港デモを連日報道したとの中国政府の抗議を受けて中国語版アップストアからニュースアプリ「クオーツ」を削除したことが批判されました。

ウイグル迫害の中国機関に「謝意」を送ったとしてディズニーの新作映画「ムーラン」にも批判がでています。

映画のエンドロールで「深い感謝」を表明した協力機関の一覧に、新疆ウイグル自治区の8つの政府機関が含まれていたといいます。米共和党のマイク・ギャラハー下院議員は「新疆で人道的な罪を犯しているのに、世界にうそをつく共産党の宣伝機関や残虐行為を担う公安当局に謝意を示した」とツイッター上で批判しました。2億ドル（210億円）かけて製作されたこの大作をめぐっては主演女優のリウ・イーフェイ氏が2019年、香港警察による民主派デモの取り締まりを擁護した発言をしたことで、香港や台湾でボイコットを呼びかける声が上がっていました。

しかし、これも米国のシリコンバレーやハリウッドが中国のために行ってきたことの氷山の一角に過ぎないといいます。アップルにとって中国は、1—3月の総売上高580億ドルの16%を生み出しています。また、中国の映画興行収入は1兆円と、米国と肩を並べます。

しかし「外国代理人」の対象になった場合、まともな企業は取引停止処分にするでしょう。つまり、倒産やむなしです。これは米国で活動するすべての企業（日本を含む）が対象となるので注意が必要です。

国家につぶされるGAFA帝国

さらに、GAFAによる「反トラスト法」への違反がないかの実態調査も行われています。前述したGAFAトップ4人を呼んだ公聴会もその一環です。

データの持ち出しや管理についても規制を掛けようとしています。

EUでも2018年5月に施行した「一般データ保護規則（GDPR）」によって、GAFAに規制をかけようとしています。この柱は、EU域外へのデータ持ち出しを原則禁止とすることや、基本的人権の観点から個人データ保護の体制整備を企業に求めることなどです。

また、GDPRが成立する前のことですが、2017年6月にヨーロッパ委員会が、「検索市場での支配的地位を乱用した」として、グーグルに24億2000万ユーロ（約3000億円）の制裁金を命じています。この金高は過去最高。広告主のサイトが検索画面の上位に表示されるように優遇したことが、ＥＵの独占禁止法違反にあたるという判断によるものです。

これはアップルの控訴の成功により追徴課税は取り下げられたものの、ヨーロッパ委員会が、アップルが違法な税の優遇措置を受けていたとして、アイルランドに対しアップルに１３０億ユーロの追徴課税を行うよう命じたことは話題になりました。２０１７年10月にはルクセンブルクに対し、アマゾンに2億５０００万ユーロの追徴課税を行うように命じています。

また、２０１８年3月に、フェイスブックは、同社のアプリが収集した約８７００万人分のユーザーデータが、２０１６年の米国大統領選挙でトランプ陣営のために働いていたデータ解析企業の**ケンブリッジ・アナリティカ**に不正に流出したことを公表し、これをきっかけに、ＩＴ大手、すなわちＧＡＦＡ４社への風当たりが厳しくなって株価が急落しました。このとき、時価総額が34兆円あまり吹き飛んだと報じられています。

こうしたことを受けて、米国でも規制論が浮上し、国内のデータセンターの一部をアイルランドに移し、ＥＵ市民のデータを米国がもたないようにしています。ＥＵと米国のあいだでは、情報分離がかなり進んでいるのです。

また中国でも、国内の個人情報だけでなく、企業の情報などの持ち出しに関して規制を行っています。

そして日本でもＮＥＣ（国家経済会議）が国内から個人情報を持ち出すことに関する規制を設ける方向で動き出すことになりました。

アマゾンやグーグルは、電力の安い国など運用コストが安い場所にサーバーやデータセンターを置くという国境を越えた情報共有を大きな収入源としてきましたが、これが各国の情報持ち出し規制により成り立たなくなりはじめています。

今後、この傾向はそうでなくてもますます強まるところだったのを、香港やウイグル問題がこれに拍車をかけます。もはやこれまでのようなビジネス環境は許されなくなるでしょうし、ＧＡＦＡそのものが監視対象となります。当然収益も上がらなくなる。

実際、10月6日に米下院がまとめた報告書では、米国人の85％がビッグテックによる個人情報の収集を懸念しているとし、ＧＡＦＡの「事業分離」による解体やトラスト法の強化を提言しています。

報告書では本書でも指摘した、アップルのアプリ配信の独占、フェイスブックのライバル潰しの買収やサービスの模倣、グーグルの検索サービスを利用した自社サービスの優遇、アマゾンの自社サイトに出店した企業の販売情報をプライベートブランドの開発に利用、などを報告し非難しています。

これにより、１９９８年に司法省がマイクロソフトを訴えて以来の、ビッグテックに対する大型訴訟が起こされる可能性が高まってきました。マイクロソフトは何とか回避しましたが、分割寸前まで追い詰められた。ＧＡＦＡも早晩、同様の事態に直面するでしょう。同報告書は民主党の議員が中心となって作成し、共和党の賛同は得られなかったと、報じられてますが、今後ＧＡＦＡに対する風当たりが弱まることはない。もっとも、ＧＡＦＡを生み出した責任は民主党政権時にあったことも、再度指摘しておきたいと思います。

グローバリズムの最大の享受者であったのが中国であり、ＧＡＦＡをはじめとしたグローバル企業でした。そのグローバリズムが崩壊した以上は、中国もＧＡＦＡも衰退の一途をたどるほかはありません。

私はＧＡＦＡについて今後は国家を超えるグローバル企業から、国家に帰属する「インターナショナル企業」に変わると『ＧＡＦＡvs.中国』で予測しましたが、いまでもその結論は変更する必要がないと自負しています。

第4章

新冷戦の世界地図

世界中で激突する米国と中国

覇権をめぐる米国と中国の対立が南シナ海、台湾、中東、北極圏と世界中で生じています。

たとえば、南シナ海とからみ、東南アジア最長の河川、メコン川の管理でも米中国は激しく対立しています。メコン川の洪水や干ばつを予測するために、降水量や水位などの情報を流域国と共有する、新たなデータベースを年内に設ける方針を表明した中国に対し、日米欧が支援する流域国の多国間組織「メコン川委員会（ＭＲＣ）」が反発。米国は水量減の主因は上流域にある中国のダムが原因だとし、アン・ペイ・ハッター事務局長は、中国に対してデータ整備ではなくデータを提供するよう要請し、対立が続いています。

本章では、こうした米中の対立と米国の中国包囲網、中国の囲い込み戦略など米中新冷戦の世界地図をみていきましょう。

まずは南シナ海をめぐる米国と中国の応酬が激化しています。米軍は南シナ海に原子力空母を相次ぎ派遣する一方、２０２０年8月26日、米国政府は国有企業である**中国交通建**

設の傘下企業などについて、南シナ海での軍事拠点建設に関わったとして、中国企業24社に事実上の禁輸措置（ＥＬに追加）を発動することを発表しました。

今後、対象企業に米国製品を輸出する場合は米商務省の許可が必要となりますが、申請は原則却下されるといいます。

中国交通建設は習近平指導部が掲げる広域経済圏構想「一帯一路」に関わる企業であり、ほかにも、デジタル通信機器やＧＰＳ関連機器を手がける**広州海格通信集団**などが含まれており、今後大きな影響が出るものと予測されます。

ウィルバー・ロス商務長官は「（制裁対象企業が）中国の挑発的な人工島建設で重要な役割を担っている」と断定しており、南シナ海関連では初めてとなる経済制裁のカードをここで切ってきたことになります。ただし、今回の措置は「米国原産技術の禁輸」であり、金融制裁を伴うものではない。そのため、警告の意味合いが強く、短期的には影響が限定されるでしょう。

また、米国務省も、南シナ海の埋め立てや軍事拠点化などに関与した中国人と家族に対して、入国拒否などのビザ（査証）制限を実施すると発表しました。マイク・ポンペオ国務長官は、「アメリカは中国が南シナ海での威圧的行動を中止するまで行動する」と警告

世界中に火種をまき散らす

【カナダ】
香港との犯罪人引き渡し条例停止。ファーウェイ創業者の娘逮捕。中国企業によるカナダの鉱山企業買収に反発
【日本】
尖閣諸島周辺で中国公船が日本漁船を執拗に追尾。100日以上連続で徘徊。
沖ノ鳥島周辺で海洋調査を活発化
【台湾】
人民解放軍が周辺で活発化。
中国軍機が台中中間線を進入。
台湾独立の動きに対し共産党幹部が軍事行動を示唆
【香港】
一国二制度を形骸化させる香港国家安全維持法を施行
【パラオ】
中国の経済的圧力に対抗し米軍施設を誘致
【ソロモン諸島】
首相が共産党体制へ不信感を表明
【ニュージーランド】
香港との犯罪人引き渡し条例停止

中国の強行外交は

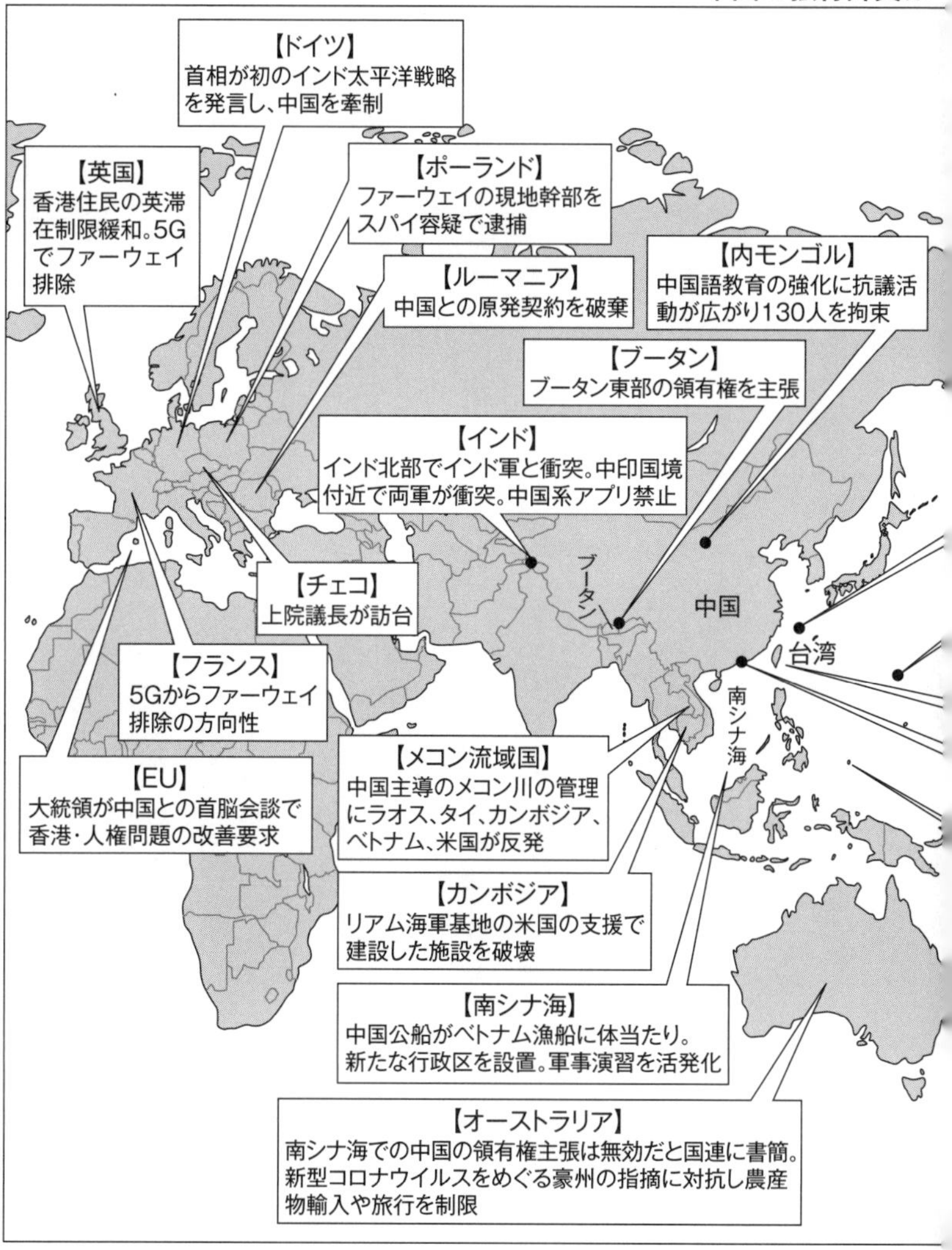
【ドイツ】
首相が初のインド太平洋戦略を発言し、中国を牽制
【英国】
香港住民の英滞在制限緩和。5Gでファーウェイ排除
【ポーランド】
ファーウェイの現地幹部をスパイ容疑で逮捕
【ルーマニア】
中国との原発契約を破棄
【内モンゴル】
中国語教育の強化に抗議活動が広がり130人を拘束
【ブータン】
ブータン東部の領有権を主張
【インド】
インド北部でインド軍と衝突。中印国境付近で両軍が衝突。中国系アプリ禁止
ブータン
中国
台湾
【チェコ】
上院議長が訪台
【フランス】
5Gからファーウェイ排除の方向性
南シナ海
【メコン流域国】
中国主導のメコン川の管理にラオス、タイ、カンボジア、ベトナム、米国が反発
【EU】
大統領が中国との首脳会談で香港・人権問題の改善要求
【カンボジア】
リアム海軍基地の米国の支援で建設した施設を破壊
【南シナ海】
中国公船がベトナム漁船に体当たり。新たな行政区を設置。軍事演習を活発化
【オーストラリア】
南シナ海での中国の領有権主張は無効だと国連に書簡。新型コロナウイルスをめぐる豪州の指摘に対抗し農産物輸入や旅行を制限

しています。

中国が南シナ海で人工島を建設するなど軍事拠点化する動きについて、7月には、ポンペオ国務長官が「完全に違法」「世界は中国が南シナ海を自らの海洋帝国として扱うのを認めない」と明言し、米国が初めて公式に否定しました。また、同月には南シナ海で米中が同時に軍事演習を行い、一気に緊張が高まったという経緯があります。

南シナ海が〝戦場〟になる可能性

一方、中国は8月26日朝に南シナ海に向けて中距離弾道ミサイル4発の発射実験を行ったことが報じられており、ミサイルは南シナ海の西沙諸島と海南島に挟まれた航行禁止海域に着弾したといいます。しかも、そのうち「東風26」は米領グアムを射程に収めることから「グアムキラー」といわれ、同じく発射された「東風21D」とともに「空母キラー」と呼ばれる強力なものです。

中国は前日に軍事演習区域を米軍偵察機が飛行したことに対して「あからさまな挑発行為だ」と非難しており、米国を牽制する意図があることは明らかです。しかし、あくまで威嚇的な行動であるとはいえ、これは事実上の「宣戦布告」といっても過言ではありません。南シナ海を舞台にした米中による戦争状態を加速させる動きであると同時に、中国が米国に対して先に手を出してしまったことの代償は大きなものになるでしょう。

すでに、米国は新型コロナウイルスの感染拡大を受けて中国の在留米国人に対して帰国命令を出しており、残留者については保護の対象外としている。したがって、中国には保護すべき米国人はいないということになっています。このような強権で冷徹ともいえる対応はいまだに企業の中国進出を黙認している日本政府とは一線を画します。はっきりといえば、中国に駐在する日本企業の従業員たちは事実上「人質」です。そういう冷厳な現実を直視しなければ本来いけないのです。

中国対外融資が膨張し強まる支配力

また、中国は中国依存を拡大すべく途上国への「債務のワナ」を広げ支配力を増しています。中国が世銀を通じて初めて開示した途上国68カ国への融資状況によると、18年末の残高は１０１７億ドル（約10・7兆円）にも達していることが判明しました（「日本経済新

途上国への中国の融資（対GDP比）

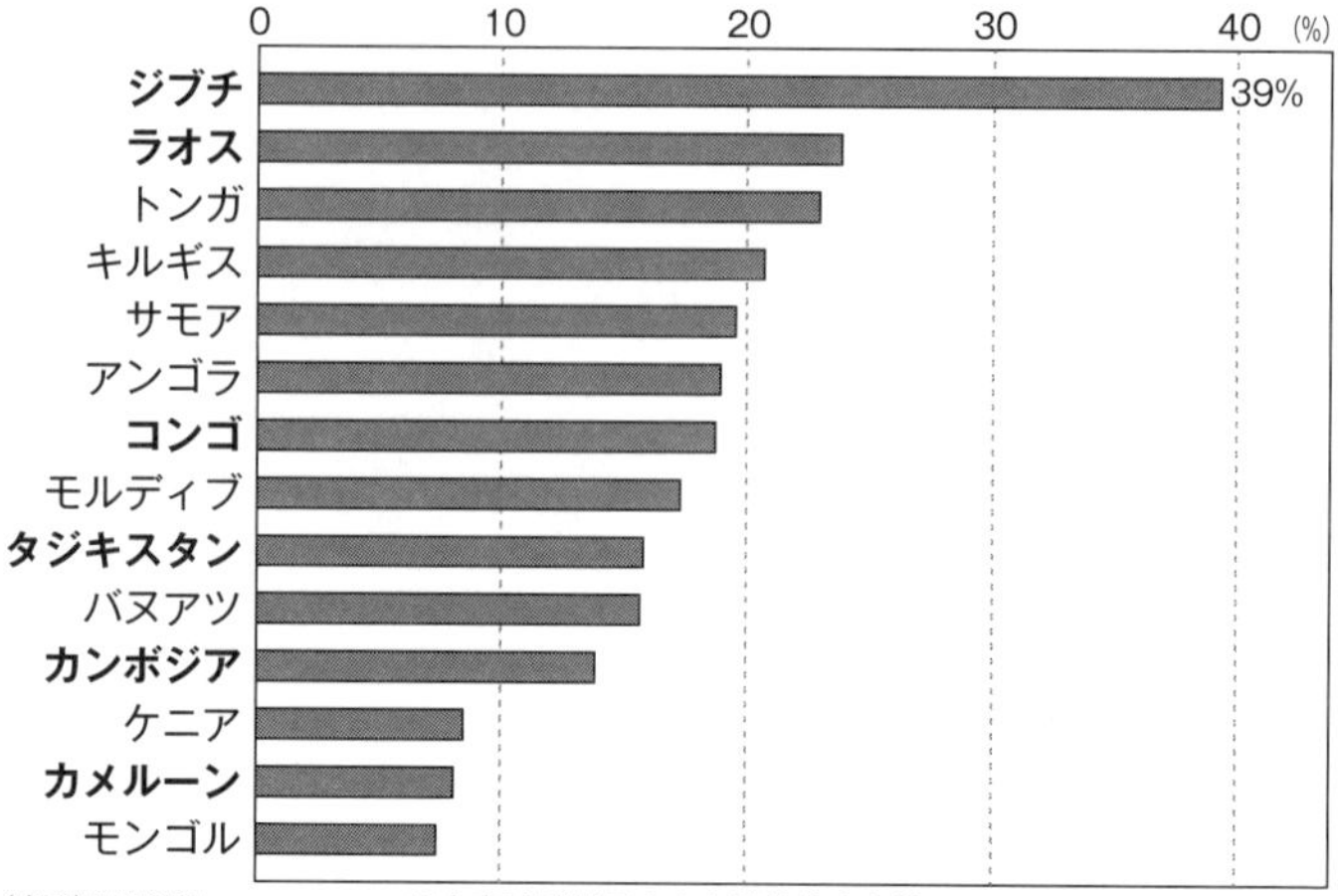

（出所）世界銀行　※太字は香港国家安全維持法を支持した国

聞」２０２０年8月6日）。

これは１０３７億ドルの世界銀行なみの数字です。中国が４年間で２倍近く急増したのに対し、世銀は４割増、国際通貨基金（ＩＭＦ）は１割増にとどまっています。途上国の多くが専制国家であり、財政規律に厳しいＩＭＦの融資条件を嫌っていることを幸いに、融資期間が短いのに平均３・５％と高金利で貸し出しているのです（ＩＭＦ、０・６％、世銀、１％）。

２０２０年６月末の国連人権理事会では誰がみても不正義な「香港国家安全維持法」に対して中国を支持した国が53カ国もあったのは、中国から融資を受けている国が多いからにほかなりません。そのため、日本や欧米をはじめとして中国批判をした国は27カ国にとどまりました。これはどのような小国に対しても1票を与えている国連の問題でもあるわけです。

同様に、コロナ禍で中国の世界保健機関（WHO）への支配力があらわになりましたが、他の国際機関でも着々と存在感を高めています。15ある国連の専門機関のうち、国際電気通信連合（ITU）や国連食糧農業機関（FAO）、国際民間航空機関（ICAO）、国連工業開発機関（UNIDO）など4機関のトップが中国人です。

たとえば、ICAOは、総会などに台湾の参加を認めなくなりました。途上国の産業開発を支援するUNIDOも「圧倒的な資金力と豊富な人材を武器に、国連の『中国化』を狙っている」（国連欧州本部があるスイス・ジュネーブの外交筋）といいます。

ASEANが脱中国できない理由

中国の戦略はこうした人権問題や独裁体制で欧米と対立する国と自由貿易協定（FTA）を締結するなど経済面による囲い込みを行っています。

たとえば、中国から多額の融資を受けてきたカンボジアはASEAN諸国のなかでもラオスと並ぶ親中国家ですが、中国とのＦＴＡを通常なら４、５年かかる交渉をわずか半年というスピード協議で締結しました。これはＥＵが先の8月12日に、カンボジアのフン・セン政権による野党弾圧を人権問題として経済制裁を発動したタイミングを見計らって、締結されたものです。ＥＵはカンボジアから武器以外の全品目を無関税で輸出できる「ＥＢＡ協定」の優遇策の一部を停止したのですが、制裁対象は衣料品のほか旅行用品や砂糖など幅広いため、この制裁によりＥＵへの輸出が２割減るとみられていました。カンボジアにとってＥＵは輸出額全体の２割以上占め大きい。一方の中国もカンボジアにとって最大の貿易相手国です。ＩＭＦによると、対中貿易額は２０１９年に前年比31％増の92億ドル（約９８００億円）に達し、貿易額全体の24％を占めます。

カンボジアの政府高官は今回の「ＦＴＡで対中輸出は25％増える」という見込みです。また、軍事面でも、米シンクタンクの戦略国際問題研究所（ＣＳＩＳ）によると、カンボジア南西部にあるリアム海軍基地の拡張工事を、中国が支援していたことが判明しています。しかも米国の支援で建設した施設が破壊され、基地周辺の土地が中国企業により開発されていることもわかりました。ウォール・ストリート・ジャーナルは、カンボジアが中国に同基地の軍事利用を認める代わりに、中国がインフラ整備する秘密合意を結んでいたと報じています。

同国の中国依存は一層深まるばかりです。

そのような中国からの借金地獄にあえいでいるのがラオスです。ＩＭＦによるとラオスの外貨準備高は6月時点で約9億ドルまで落ち込んでいる一方で、公的債務の返済額は2025年まで年平均で約10億ドル（約1060億円）支払わなければなりません。

新型コロナの影響で、観光収入が減っただけでなく、タイなど周辺国で働いていた10万人以上の出稼ぎ労働者は失職して帰国を迫られ、国際送金も急減したため、外貨収入が急速に失われました。ラオスは中国からの借金によって高速鉄道やダムを建設してきましたが、「債務のワナ」に陥り、スリランカ同様重要インフラを奪われる可能性が高くなっています。

また、対中依存が高いインドネシアもコロナ以後その結びつきをますます高めています。中国からの投資も貿易も支援も増えています。インドネシア投資調整庁によると、1～6月期の同国への海外直接投資は中国が前年同期比で4％増の24億ドル（約2500億円）です。

カンボジアやインドネシアはこれまでも中国から多額の投融資を受け、ラオスと共にＡ

SEANのなかで中国の利益を代弁してきた経緯があります。そのため、米国が非難する中国の南シナ海進出に対し、ASEANの態度が定まらない一因だといわれてきました。これは先に挙げた国連人権理事会と同様の構図です。

欧米の価値観と衝突する国家を取り込む中国

問題なのは、ASEANに留まらず、アジア、アフリカ、中南米の地政学上の要衝だったり、豊富な天然資源を埋蔵している新興国や途上国の政治体制が、欧米の価値観と衝突していることをいいことに、中国がそれらの国々を囲い込んでいる現実です。

パキスタンの債務も問題です。パキスタン政府は、中国企業が発電所の建設費を不正に数十億ドル（数千億円）水増ししたと主張し、中国の広域経済圏構想「一帯一路」の債務返済を再交渉しようとしています。

また欧州ではギリシャに中国マネーが流れ込んでいます。外国から投資を呼び込みたいギリシャと、インフラ整備などを通じて存在感を高めたい中国の思惑が一致した格好です。

慢性的な財政赤字に苦しむギリシャには、海外から資金を呼び込むための「ゴールデン・ビザ」と呼ばれる居住許可制度があります。これは、ギリシャの不動産へ25万ユーロ以上の投資をすれば取得でき、欧州で域内の移動の自由を定めたシェンゲン協定国26カ国へのフリーパスとなる権利です。５年ごとの更新で、親と21歳までの子供は不動産の購入者に帯同できる。この制度は13年から実施されたものですが、７割以上が中国人だといいます。

中国は重要インフラも手中にしています。**中国遠洋海運集団（コスコ・グループ）**はギリシャのピレウス港へ投資し運営も手掛けており、また中国国有の国家電網は17年にギリシャの送電会社の株式24％を取得しています。

やはりギリシャも中国依存のため、中国擁護が目立ち、しばしばＥＵとも対立しています。たとえば、17年の中国の人権問題を批判するＥＵの声明にも反対したし、香港国家安全維持法への対抗措置でもギリシャはＥＵが強硬な手段を講じることに反対しています。

そのため欧米の経済制裁が利かなくなっているだけでなく、中国に取り込まれてしまっています。ほかにも、野党を弾圧する南米ベネズエラのマドゥロ政権や白人の農地を黒人に強制配分したアフリカ南部のジンバブエも中国は支援しています。

加えて、中国が人民元の国際化を進めるための、国際銀行間決済システム（CIPS）に参加する金融機関が広がってきています。参加数は7月末時点で97の国・地域で984行と昨年末から48行も増加し、年内にも1000行の大台に達しそうな勢いです。

成功した中国の中東全方位外交

中東も同様の構図です。一番の問題は同じイスラム教徒であるウイグルへの弾圧を中東諸国が支持していることです。

なんと公式声明や国連に宛てた共同書簡で、サウジアラビア、エジプト、クウェート、イラク、アラブ首長国連邦（UAE）をはじめとした国々がそろって、新疆ウイグル自治区の収容施設とイスラム教弾圧は必要な「反テロ・脱急進化」をもたらしたと称賛しました。

中国の中東における全方位外交が奏功した証です。イランに4000億ドル（約42兆円）規模の投資・安全保障協定を交渉する一方で、イランの敵国であるサウジアラビアの核開発プログラムを支援しました。

また、中国はパレスチナの大義を全面的に支持する一方で、イスラエルにも取り入り、最先端技術の共有や中国国営企業に対する主要な戦略的港湾のリースに合意させています。

その結果、中東全域に対する中国の影響力が拡大しています。世界最大の原油輸入国である中国はイラクにとっても最大の貿易相手国になっています。そして、イランから石油供給を受けるかわりにインフラ投資を実施する25年間の長期契約を協議しています。

2020年の上半期、イラク産石油の対中輸出は前年同期比で3割近く増加し、イラクの輸出全体でも3割以上を占めています。一方同時期の対米石油輸出は半減し、米国防総省は数カ月のうちにイラクに残っている米軍部隊を約3割削減する計画です。「フィナンシャル・タイムズ」によると、アフガニスタンとパキスタンの政府高官も「中国政府が事実上、和平プロセスを仕切っており、反政府武装勢力タリバンに対し、米軍が完全に撤退した暁には膨大なエネルギー・インフラ投資をすると約束している」といいます。

中国はバーレーンを除くすべての湾岸諸国と「戦略的パートナーシップ」協定を結んでおり、多くの国が中国の軍事技術を購入しています。中国はオマーンのドゥクム港をはじめとした他の戦略的な要衝で、海軍向けに簡単に軍用転換できる商業港にも多大な投資を実施してきました。

マレーシアとインドネシア・スマトラ島に挟まれたマラッカ海峡と、ペルシャ湾とオマーン湾を分けるホルムズ海峡、紅海とアデン湾を分けるバベルマンデブ海峡は、自国の経済、軍事力を存続させる上で極めて重要な場所だと考えています。中国が輸入しているエネルギー資源の大部分がこれら3つの戦略的要衝を通って運ばれているからです。

軍事衝突が発生した場合、こうしたシーレーン（海上交通路）を封鎖し、米国の能力をそごうとするでしょう。

皮肉なことにオバマ、トランプ両政権が進めた中東撤退が中国の中東進出により行うのが難しくなっています。もし米軍が撤退すれば、中東からの原油にたよっている日本にとって死活的な問題となるでしょう。

北極圏の地下資源争奪戦

近年、中国の北極圏へのアプローチが積極的になっています。

北極圏は、ロシアや米国、カナダなど8カ国が領土を持ち、地中には金やニッケル、ダイヤモンドなどの鉱物資源や天然ガスなどが豊富に存在しているとみられています。ロシア科学アカデミーによると、埋蔵資源の価値は北極圏の６割を占めるロシア領だけで30兆ドルを超える。温暖化で海氷面積が年々縮小し、50年までに北極海は夏に氷がない状態になるとの見方があるからです。

中国共産党は２年前の２０１８年から北極海を通る航路を「氷上のシルクロード」と呼び、一帯一路と結び付けた基本政策を白書で発表しています。そのため、中国企業へ全面的にバックアップしています。

たとえば、資源大手の**中国五砿集団**はカナダで埋蔵量が約２９００万トンのアイゾック・コリドーと呼ばれる鉱床で亜鉛・銅の開発権益を保有しています。

また、石油大手の**中国石油天然気集団（CNPC）**はロシアのガス大手**ノバテク**が進める液化天然ガスプロジェクトに参加し、17年に生産を始めた「ヤマルＬＮＧ」のほか、23年の生産を目指す「アークティック（北極）２」への出資を決めています。

さらに、金鉱大手で中国で金生産首位の**山東黄金集団**はカナダの鉱山企業**TMAC**リソーシズの買収計画を立てています。ＴＭＡＣが権益を持つ北極圏ヌナブット準州の金鉱を狙ってのことです。しかしこれはカナダで反発を招いています。資源を奪われるだけでなく、北極圏の交通の要衝に中国企業が拠点を構えることへの拒否感情が高まっているからです。

「制宙権」めぐり激化する攻防

中国は産業界の国際ルールづくりでも存在感を強めようとしています。「中国標準2035」と名付けた中期の戦略を策定中で、中国発の世界標準を構築し、技術面での支配力を強める戦略です。

また「宇宙」でも、激しく対立しています。ロシアを含め宇宙の支配権をめぐる競争が激化し、衛星情報を基にしたミサイル探知や軍事作戦の指揮・命令系統を混乱させるため、相手国の衛星を破壊・妨害する兵器の開発が相次いでいます。宇宙での国際法は曖昧であり、法が未整備のまま対立が深まれば、宇宙が「戦場」になりかねません。

米露はウィーンで宇宙空間の安全保障に関する協議を7年ぶりに開いたものの並行線に終わり、対立は解消されないままです。

中露は宇宙空間を利用した軍事実験を行っていることが報告されています。そして、米軍も宇宙利用を加速する方針を示しています。東西冷戦時のさいには、戦略防衛構想「スター・ウォーズ計画」をだしています。現に、19年1月にまとめた「ミサイル防衛の見直し（ＭＤＲ）」では地球規模でミサイルの追跡を可能にする高性能センサーを宇宙に設けたり、宇宙からミサイルを迎撃したりする構想を打ち出しました。

現段階では中国の宇宙軍は米露に劣るようですが、予断を許さない状況です。

ワクチン外交で先頭に立つ

しかし、眼前の脅威となっているのは、米中によるＡＳＥＡＮの取り込み合戦が激化するなか、中国が切り札とするワクチンでしょう。ひいては、「ワクチン外交」でコロナ禍の世界を牛耳ろうとしています。一帯一路の関係国および、中東や南米にも医薬製品の供給を狙っているのです。

たとえば、中国の製薬会社、**科興控股生物技術**（シノバック・バイオテック）は7月に、年間生産能力3億回分の工場を北京市で完成させたと発表しました。日本経済新聞の取材によると、同社の尹衛東《いんえいとう》・最高経営責任者（ＣＥＯ）は、すでに治験を開始しているブラジルとインドネシアでは「2021年初めから一般市民に供給できるだろう」との見通しを示し、トルコとバングラデシュを含め、4カ国で最終治験を実施・供給する計画だといいます。このほかチリなど複数の国と治験や供給に向けて交渉中とのことです。

中国の王毅《おうき》外相はワクチン供与は「ASEAN各国の要請を最優先的に考慮する」と発言しています。実際、中国の外交担当のトップはインドネシアやミャンマーなど複数の国の閣僚と接触し、ワクチン協力を提案しています。フィリピンのドゥテルテ大統領は中国に協力を要請しています。

また、薬の製造から販売まで一手に手掛け国内の売上高は約7兆5000億円を超える国有医薬の**中国医薬集団（シノファーム）**も、ワクチンを年内に発売すると発表しています。

もっとも、安全性が問題ですが、尹衛東氏によれば「治験の第2段階までで接種者のうち発熱の副作用がでた割合は1～3%にとどまり、安全性には問題がないと説明した。治験中のワクチンは18歳以上が対象だが、子供向けも近く治験を開始し、年末までに第2期治験の結果が出る見通し」とのことです。事実だとすれば日本にとって、いや世界にとっても大きな脅威です。欧米がコロナ禍に喘《あえ》いでいるうちにワクチンを投与された人民解放軍が軍事行動を起こさないとも限りません。本来ならアジアでは日本がワクチン外交を展開すべきですが、はっきりした見通しは立っていないのが現状です。

欧米や日本の先進国は安全性を最優先にするため、中露に比べ時間がかかるのもやむをえない面もありますが、欧米に比べ国の体制整備が不十分であることもまた事実です。当初、治療薬候補の「アビガン」は6月には治験が終わっているはずでしたが、了承申請は10月以降にずれ込んだのもそれが理由です。

日米のスピードの差は、バイオテロと感染症の対策を並行して進める法律の有無にあります。２００1年に炭疽《たんそ》菌テロを経験した米国は感染症対策を安全保障の1つと位置づけ、平時から感染症をリスト化し、研究開発を支援しています。一方日本は、治験をするための被験者を集めることさえままならない。小規模病院が多いため、治験者を集めるためには多くの病院の協力が必要となり、製薬会社のコストも増えるという構造上の問題があります。

日本政府はワクチン接種に関し、国が財政支出を負担し、健康被害がでた場合に製薬会社の損失を、国が補償する仕組みを設けるという方針を9月末になってようやく示しましたが、遅いといわなければなりません。これではワクチンにしろ治療薬にしろ、それを中国が「戦略物資」にしている事態に間に合いません。

冷戦に備えた中国を日本も見習え

中国は新冷戦に備え、人民解放軍の関係者を人事で異例の優遇をしています。7月には山東省ナンバー2の省長に、「核の専門家」を起用し、8月には浙江省トップの省共産党委員会書記に、人工衛星の打ち上げなど宇宙開発を担当する**中国航天科技集団**出身者を抜擢しました。同省のトップに軍関係者が就くのは異例だと言われています。9月に遼寧省トップに、ミサイル開発を手掛け、中国最大の国有兵器メーカーである中国兵器工業集団の幹部を起用しました。

また、解放軍内の人事でも7月、最高位にあたる「上将」に同役に就くには経験の浅いロケット軍幹部を昇格させています。

同様に新冷戦に備え、輸入に依存する戦略物資の備蓄を急いでいます。原油はもちろん、リチウムイオン電池など車載電池に使うコバルトや肥料原料のカリウム、穀物在庫も高水準で推移しています。中国の場合、物資不足による国民の不満が政権批判に飛び火する可能性が高いからでしょう。中国では国家備蓄は機密情報に位置づけられ、公式情報はほとんど出回らないのですが、8月に入り政府系の情報会社が、政府にコバルトの備蓄を2000トン増やすよう提言したことが伝わっています。

食糧だけでなく、ドルで決済されるエネルギー資源の調達に制約を受ける可能性を想定した動きをとっているのです。

中国税関総署によると20年1~7月の原油輸入量は約3億2000万トンと前年同期を12%、3400万トン強も上回っています。また大豆とトウモロコシ、食用油などに関しては、すでに4月に備蓄を増やすとの報道も流れています。

その一方で、中国が8月以降、米国産大豆の予約を急拡大し、米国にゆさぶりをかけています。1年間の予約量を2・2倍に増やしました。

米中貿易協議の「第1段階」合意は、中国が米国からのモノやサービスの輸入を、20~21年に2000億ドル（約21兆円）増やすのが柱でしたが、中国はこの目標をまったく達成できていませんでした。ピーターソン国際経済研究所の試算では、目標達成のために必要な1~7月の累計輸入額1007億ドルに対して実際の輸入額は485億ドルと、達成率は48%にすぎません。中国はそれを急激に増やしたわけです。

もっともあくまで予約であり、いつ輸入するかは中国が決められるうえ、取り消すこともでき、その前例もあります。米農務省によると、8~9月半ばまでに中国は534万トン買い増したようです。選挙戦をまえに米国に影響力をみせつけるためでしょう。

しかし、日本もこうした人事や戦略物資、食料など新冷戦に備える中国の動きは見習うべきです。

第5章

対中国の最前線に立つ台湾

高まる台湾の地政学的重要性

中国に対して強硬姿勢をとる米国は、台湾との関係を強化しています。2020年8月10日には、アレックス・アザー厚生長官が台湾を訪れ、蔡英文《さいえいぶん》総統と会談を行いました。これは、1979年の断交以来、最高位の高官訪問であり、中国に対する牽制の意味合いも多分に含まれています。

グーグルも脱中国を強化しています。「香港国家安全維持法」の施行を受け、今後は香港当局によるユーザーのデータ提供には応じないと表明しました（20年8月14日）。その動きと関連して、台湾で3カ所目のデータセンターの建設を発表しています。

同社は13年に中西部の彰化県でアジア初のデータセンターを稼働し、19年9月には南部の台南市でも建設することを明らかにしていましたが、これをさらに強化します。台湾中部の雲林県斗六《とろく》市に用地を取得し、投資額は約720億円程度で、2022年前後を目途に稼働する予定とのことです。アジアでは台湾にグーグルのデータセンターが集中していることからも、その重要性がわかります。

第1章でも述べたように、データセンターでのデータ処理には高性能なサーバーと半導体が必要となるため、世界でも生産国は限られています。台湾がその1つで世界各国から注文が殺到しています。

米司法省も6月に、米国とアジアを結ぶ新たな海底通信ケーブルについては、香港との直接接続を許可しないよう求め、代替先に台湾をあげていました。台湾のアジアにおける地政学的重要性が高まり、今後グーグルのような動きは加速すると思われます。

加速する台湾の脱中国

中国排除を加速させる台湾当局は、中国大陸からの投資規制を近いうちに強化します。台湾は現在、中国資本が3割超の企業を中国大陸企業とみなし、多くの制限を課していますが、香港や第三国の企業を巧みに使い、中国資本を3割未満に見せかけて台湾に投資する中国企業が多かったからです。

たとえば、**アリババ集団**通販サイト「淘宝網（タオバオ）」は台湾当局から台湾から撤退するか、「中国資本」の会社であることをみとめて再申請するかを迫る改善命令を下されました。また、中国の**百度**（**バイドゥ**）傘下の人気動画サイト愛奇芸は9月3日以降、サービス販売の禁止が決まっています。

こうした事例が続いたため、安全保障の観点から法改正し、迂回《うかい》投資を防ぐのが狙いです。たとえば中国大陸の企業が関係の深い香港企業に4割出資し、さらにその香港企業が第三国の企業に4割を出資するスキームをつくった場合、第三国の企業は中国資本が4割の4割＝16％入った企業とみなし、中国資本が「3割」に満たないため、規制の対象外とされたが、以後はこうした第三国の企業は中国資本が4割入った企業とみなす。つまり、規制回避のための迂回投資は認めないわけです。

法改正の背景には、迂回投資によって中国の関与が高まり安全保障上のリスクが増しているほかに、技術流出を警戒するからです。

さらに、今後は共産党や中国政府の関連企業の審査も厳格化します。

また台湾は米国と経済対話を開き、5Gや半導体の協力とともに、米とのＦＴＡの交渉を行う予定です。蔡英文総統は米台ＦＴＡを最大の公約にし、両国にとって大きな障壁だった米国産の牛肉、豚肉の輸入規制を21年1月からなくすことを決めています。

台湾の脱中国も進んでいます。２０１９年以降、台湾企業の域内投資は約3兆円と対中投資の5倍以上に増え、台湾回帰に拍車がかかっています。また、**台湾積体電路製造（TSMC）**は米国に工場をつくりますが、**鴻海《ホンハイ》精密工業**も20年からインドに大型投資をし、脱中国態勢でｉＰｈｏｎｅ11の量産を始めています。半面、中台ＦＴＡである両岸経済協力枠組協議（ＥＣＦＡ）は形骸化しています。

民主化で闘い続けるチェコと台湾のきずな

しかし、中国との闘いにおいて、象徴的であり、衝撃的なのはチェコナンバー2のミロシュ・ビストルチル上院議長の台湾訪問でしょう。共産主義勢力、全体主義国家の侵略は絶対に認めず、民主主義を守るために断固たる戦いを行うという、強烈なメッセージになっています。

チェコはソ連の支配下で共産党政権だったチェコスロバキア共和国が１９８９年の「ビロード革命」により同体制を打破し、93年にスロバキアと分離して現在に至る民主国家です。チェコスロバキアは当時の東ドイツと並ぶ抑圧された警察国家であり、恐ろしい密告社会でした。キリスト教圏であるはずのチェコで無神論者が多いのも、密告社会による相互不信が招いた後遺症です。したがって、ソ連崩壊という援護もさることながら、チェコの民主化への道は並み並みならぬものがあったのです。

一方、台湾も日本の敗戦後、中国大陸から逃げてきた国民党政権による大弾圧――二・二八事件（1947年）以来、戒厳令が解除される1987年まで長期にわたっての「白色テロ」との闘いがありました。台湾国民は、2020年7月30日に逝去された李登輝《りとうき》総統誕生（1996年）まで民主化をまたねばなりませんでした。しかし崩壊したソ連と違い、いままさに世界の覇権を狙う中国が「1つの中国」を盾に軍事力、経済力の両面で台湾の「民主化」を阻止しようとしているのです。つまり、香港が落とされたいま、台湾が全体主義国家・中国と「自由と民主」を守るための最前線を闘っているといっても過言ではありません。

中国はこれまでチェコとは良質な関係を築いてきました。たとえば、2016年3月、習近平は国家主席として国交樹立後で初となるチェコの公式訪問を実現し、ゼマン大統領は「一帯一路」に賛同していました。その一方で、台湾とは国交がなかった。にもかかわらず、チェコのナンバー2が異例の公式訪問をし、蔡英文総統と会談しました。そしてこれに先立ち、チェコは首都プラハ市と北京市の姉妹都市提携を解消し、反対に20年の1月に台湾の台北市と姉妹都市協定を調印していたのです。

蔡総統が「台湾とチェコは、権威主義に反抗し民主と自由を勝ち取るため、同じ苦しい道のりを歩んできた」と語ったのは、上記のような歴史があったからです。

「ビロード革命」の立役者のハベル元チェコ大統領（故人）は、中国の圧力を受ける台湾の国際社会への復帰を働きかけていました。そのハベル氏の遺志を継ぐのがビストルチル氏らで、中国の猛反発を覚悟のうえに、5月に上院で訪台を決めたのです。

東欧で反中国の動きを見せるのはチェコだけではありません。ポーランドは19年1月にファーウェイのワルシャワ支店幹部をスパイ容疑で逮捕し、ルーマニアは20年6月に中国との原発契約を破棄しています。旧ソ連圏だった東欧には共産党体制への不信感が強い。それをこれまで中国は経済力でもって吸引していただけなのです。

中国と最前線で戦う台湾を世界が後押し

蔡総統は「（台湾への公式訪問が）世界の新しい潮流となることを期待する」と語り、ビストルチル氏も「我々が欧州連合（EU）の先導役になる」と応えたといいます。

すかさず中国の高官がチェコを非難し、報復を宣言しました。

秦剛外務次官は8月31日、「(訪台は)『台湾独立』の分裂勢力とその活動を公然と支持している。中国への内政干渉であり、主権を甚だしく侵害している。中国は必ず反応し、自らの正当な利益を守るだろう」と恫喝しました。

さらに欧州歴訪中だった王毅外相が「『1つの中国』原則への挑戦」「越えてはならない一線を越えた」「重い代償を払わせる」と威嚇し、華春瑩《かしゅんえい》・外務省報道局長も「14億の中国人民による『自らの主権と安全を守る』という断固たる意志を、見くびらないように求める」と重ねて脅迫しています。実際9月に入ると、中国がチェコの老舗ピアノメーカー「ペトロフ」に出していた注文、530万コルナ(2500万円)相当のピアノの注文をキャンセルするなど、姑息《こそく》な嫌がらせに出ました。

しかし中国の反発に対しては、国際社会にはビストルチル氏訪台を支持する声があがっています。フランス外務省報道官が「EU加盟国への脅しは認められない。チェコとの結束を表明する」とし、中国の王外相と会談したドイツのマース外相は「脅しは適切でない」といい、スロバキアのチャプトバ大統領が「中国の威嚇は受け入れられない」と発言しました。また、欧州、米国、カナダの政治家計70人が、ビストルチル氏訪台を妨害しようとした中国の「戦狼外交」を批判する書簡に署名しました（「フィナンシャル・タイムズ」）。

米国もチェコの訪台と連携をとり、チェコ訪問団の滞在最終日となる9月4日に、米国は現地で日本とEUとともに関係を強化するフォーラムを開き、中国への対抗姿勢をはっきりとみせました。

主催者である米国在台協会（AIT）トップのブレント・クリステンセン処長（大使に相当）は「多くの企業はいま、中国とのつながりの危険性をますます認識し、（中国大陸からの）代替生産地を探し始めている」と述べる一方で、「中国企業と対照的に台湾の企業は法令を遵守《じゅんしゅ》し、知的財産も保護している」とし、中国を痛烈に批判しました。

実際、台湾TSMCは米アリゾナ州への工場誘致を決め、新しいサプライチェーンの構築に動いていることは前に述べました。

また、AITが1982年の米中共同声明にからむ機密文書の全容を公開したのも重要です（8月31日）。この文書は、82年8月17日にレーガン大統領と鄧小平が発表した米中共同声明「8・17コミュニケ」に絡む米国側の事前内部資料で、「中国がより敵対的な態度を見せた場合は、（台湾への武器売却についての約束を）無効にする」とあるため、これにより米国から台湾への武器輸出の正当性を中国に示したわけです。

「8・17コミュニケ」には米国が台湾への武器売却を「徐々に減らしていく」ことが記されていたので、中国が米国を批判する根拠となっていました。しかし、それには多くの前提条件がついたことを、今回米国は明らかにしたのです。中国が敵対的な態度を見せた場合は、台湾への武器輸出をむしろ増やすことが示唆されていました。

そうした米台の動きに対し、中国軍機は米国が定めた中台を隔てる台湾海峡の「中間線」を頻繁に侵入し、威嚇しています。もちろん、表向き中国は中間線を認めていませんが、実際は中間線の台湾側に入ると、すぐ中国側に戻る形で飛行を繰り返していたといいます。台湾の国防部はこれまで非公表だった中間線の位置も公表に踏み切り、中台の攻防が激しさを増していることがわかります。

また、台湾最大野党で親中派とされる国民党でさえ中国に反発する異例の事態が生じました。国民党は中国福建省のアモイ市で開幕する中国主催の交流イベント「海峡フォーラム」に、毎年代表団を送っていましたが、12回目を迎える今年は代表団を送らず、党としては参加しないと発表しました。これは中国の国営メディアが9月10日に、台湾のフォーラム参加を「和議を願い出るために来る」と報じたことに対する反発だとされていますが、逆にいえば国民党でさえ「脱中国」にシフトせざるをえないほど、台湾で中国離れの動きが高まっていることの証左でしょう。

米国が香港政府幹部に金融制裁

中国が「香港国家安全維持法」の施行をしたことを機に、香港をめぐる米中の対立が加速しました。中国が一方的に施行したことを待ち構えていたかのように、米国が対抗措置をとっています。これは、香港に保障されていた「一国二制度」を反故《ほご》にすると同時に、自由主義社会への挑戦状とも言えるものです。米国は林鄭月娥（キャリー・ラム）行政長官ら香港政府幹部11人に対して、香港人権・民主主義法と香港自治法に基づく金融制裁を科すことを発表しました。米国内の資産凍結や米国人との取引を禁止するという内容です。

これに対して、中国は米国のマルコ・ルビオ上院議員、テッド・クルーズ上院議員ら11人を対象に制裁を科す報復措置を発表しました。しかし、具体的な内容が明らかにされていないどころか、議員は行政の責任者ではなく立法府の一員であり、現実的に考えて有効ではないでしょう。さらに言えば、こうした動きは米議会に対する侮辱ともいえるものです。

また、香港政府は民主活動家の周庭（アグネス・チョウ）氏や「**蘋果日報（アップル・デイリー）**」創業者の黎智英（ジミー・ライ）氏らを香港国家安全維持法で逮捕し、国際社会から強い批判を受けている人権や言論の弾圧を続ける姿勢を見せています。

さらに、中国は「ファイブ・アイズ」（米国、英国、オーストラリア、カナダ、ニュージーランドの5カ国による機密情報共有の枠組み）の警告にもかかわらず、香港立法会選挙を1年以上延期することを決定しました。これにより、民主派勢力の弱体化が進むものと思われます。

その一方で、拘束されていた周氏と黎氏は保釈されましたが、容疑が晴れたわけではなく、いつ再拘束されるかもわかりません。ある意味で〝人質〟に取られている状態といえます。特に、周氏はすでに別件で有罪判決を受けており、12月に量刑が宣告される身です。好むと好まざるとにかかわらず、今後は政治的な交渉カードとして使われることになるのは間違いないでしょう。

そして、米国は香港の優遇措置廃止に向けて、実務面でも動き出しています。45日間の猶予期間を経て、９月25日から香港で製造された製品に対して原産地を中国と表示することを義務付け、中国本土と同率の関税が適用されることになります。

総領事館閉鎖という戦争寸前の異常事態

さらに米中は、お互いの総領事館を閉鎖し合うという異例の事態へ発展しています。米国がテキサス州ヒューストンの中国総領事館を「スパイ活動および知的財産窃盗の拠点」という理由で閉鎖し、対抗措置として、中国は四川省成都の米総領事館を閉鎖しました。そのため、今度は米国が次に何をするかが注目されます。仮に追加の制裁に動けば、中国も再び対抗し、応酬がエスカレートしていくでしょう。

ここで問題になるのは、「タイミング」と「さじ加減」です。米国としても、自国への悪影響を考えれば、時間をかけて段階的にデカップリング（切り離し）を進める方が得策だと思われます。マスク問題などにみられるように、日本を含む西側諸国は中国に依存している部分もあるため、急激なデカップリングは危険をはらむことになりかねません。生産や調達の代替が可能になってからでないと、国内への影響が大きくなりすぎてしまうわけです。

しかし、時間がかかりすぎると、その間に中国はさまざまな方法で米国への対抗手段を確保し、安全保障上のリスクが拡大しかねない。そのため、猶予期間は限られています。

米国が中国に科す制裁のうち、一番の焦点は、中国（香港）のパスポートをいつまで維持するかということです。中国本土のパスポートと中国（香港）のパスポートは異なり、香港はその経緯から、ノービザ渡航できる先も多く、出入国などに関する制限も少なかったわけです。

そして、その利便性から中国本土から移民して、香港パスポートを獲得する中国のビジネスマンが多数存在しました。言い換えれば、これを悪用していた人も多数存在したわけです。しかし、これは「一国二制度」が維持されてきたからこその話であり、中国が一国二制度を瓦解させたいま、その存在そのものに意味が問われているのです。米国は香港への優遇処置を廃止するとしており、廃止されれば他国も追従し、中国（香港）のパスポートを維持する必要性がなくなるわけです。

その場合、さらに香港市民の脱出手段が失われることになります。中国のパスポートではもともとノービザ渡航できる先が少ないのです。さらに、中国（香港）パスポートが無効化されれば、香港人は中国パスポートを新規に取得する必要が生まれます。しかし中国政府は恐らくパスポートの新規取得を簡単には認めないでしょう。さらに中国政府は香港にある事実上台湾の領事館である台湾代表処の代表を追放しました。これは一種の断交宣言ともいえる行為であり、戦争の準備行為ともいえるのです。予想される次の展開としては、香港台湾便の廃止ということになるのだと思います。

事実上の宣戦布告がでた

米国のマイク・ポンペオ国務長官は演説で「習近平国家主席は破綻した全体主義思想の真の信奉者」「中国共産党から自由を守ることは私たちの時代の使命」などと語り、対中強硬路線を改めて打ち出した。これは、事実上の宣戦布告といえる発言でしょう。

そもそも、領事館や大使館の閉鎖というのは宣戦布告の正当な理由となる行為であり、戦争の前段階と言える動きです。

また、中国が国家的に、全米の領事館を通じて極左暴力集団「ANTIFA（アンティファ）」や黒人差別に対する抗議デモ「Black Lives Matter」を主導し、援助したとの報道も出ています。米国はこれらの動きに対して背後関係を含めて徹底的に調査するとしており、事実関係が確認されれば、国内のテロ行為の陽動および支援ということで、テロ支援国家の指定に向けて動き出すことも考えられます。

テロ支援国家に指定された場合、輸出管理における米国原産の割合が25%から10%にまで引き下げられ、ハイテク関連製品などの輸入はほぼできなくなる。また、金融制裁など追加オプションを発動する大義名分にもなり、中国に対して北朝鮮と同様の処置が可能になるわけです。

英連邦もインド太平洋で日米と中国包囲網

また、悪化する米中関係に、香港問題の当事者である英国および英連邦が加わる形で混迷を極めています。

英国は香港に居住する約290万人の「英海外市民」について、ビザなしで英国に滞在できる期間を6カ月から5年間に延長し、市民権の取得を促す緩和策を発表しました。それに加え、香港政府と結んだ犯罪人の引き渡し条約の停止を表明し、2027年までに中国企業の華為技術（ファーウェイ）を次世代通信規格「５Ｇ」から完全排除する方針を決定しています。

これらの動きに猛反発した中国は、英海外市民が持つ旅券を「有効な旅券として認めない」と表明し、さらに追加措置の行使も示唆しています。英国および英連邦としては自国の旅券を否定されたことになり、この一連の行為により、英国に戦争の大義ができたといえるのでしょう。そして、その大義も「邦人保護」から「邦人奪還」へと変化しつつあるというのが、いまの状況です。

今後は、相互主義に基づき、中国の旅券を無効化するかどうかが注目されますが、その場合は香港市民の出国に大きな制限が課せられることになってしまう。

また、ポンペオ国務長官は英国のボリス・ジョンソン首相、ドミニク・ラーブ外務大臣と会談を行い、香港問題などでの連携を確認し、中国と対峙するための連合構築も示唆しました。さらに、米国のマーク・エスパー国防長官は年内に訪中し、対話の手段を探る意向を示していますが、これらの動きは戦争の準備行為とみることもできるでしょう。

豪州とカナダも歩調を合わせています。特に豪州は新型コロナウイルスの発生源の独立調査を呼び掛け、また７月には南シナ海での中国の領有権主張を無効と訴える書簡を国連に送って以来、中国と正面衝突といっていいほど激しくぶつかっています。

猛反発した中国はすかさず、豪州産牛肉の輸入を制限し、大麦に追加関税を加え、豪州への留学を検討している中国人学生に対しアジア人が差別されていることを理由に行かないよう誘導しました。また、豪産ワインの反ダンピング調査を開始しています。ファーウェイは豪ラグビーチームのスポンサーを1年前倒しで降板しています。

モリソン豪首相は「中国の脅しには屈しない」と闘う姿勢で一貫しています。対中貿易依存度が高い豪州にとって脱中国は本音では厳しいはずですが、自由と民主主義を守るために脱中国を明確にした政策に打ってでている。豪州への移民が無制限に受けられる英語教育を無償提供するとの発表もその一環です。

カナダはファーウェイ創業者の娘を逮捕し、香港問題ではいちはやく香港との犯罪人引き渡し条約を停止しました。すると逮捕後すぐに中国でカナダ人2人が拘束され死刑判決がだされた。現在まで4人のカナダ人が拘束され死刑判決が下されています。中国は薬物製造の罪などと理由をつけていますが、あからさまな報復で、でっち上げの罪状でしょう。

現在、ファイブ・アイズは連携して中国排除に動いています。7月末には複数の英メデイアが、ファイブ・アイズが鉱物資源や医療品の調達で中国を外して新たな供給網を構築すると報じました。

こうした英連邦の動向は日米がインド太平洋で進める対中戦略でも重要です。インド太平洋地域には豪州以外にも、インドや太平洋島嶼《とうしょ》国などもともと英連邦の国が多い。ＥＵを離脱した英国は英連邦および米国との強化とともに日本にも接近しています。９月には日英ＥＰＡの大筋合意を発表し、鉄道・車部品の関税を撤廃します（21年１月１日の発効を目指す）。

また英国は環太平洋経済連携協定（ＴＰＰ）加盟にも意欲を示し、それにむけても今回の合意は弾みになりました。英国も経済的な中国依存が高いので、日本への接近は脱中国の意味合いもある。英国は21年には空母をアジアに派遣する予定です。豪州も日本と急接近しております。もはや「準同盟」といっていい関係で、東アジア地域包括的経済連携（ＲＣＥＰ）でも連携をとっています。

日米と英連邦により着々と対中包囲網を築いているわけです。

中国と全面対決に臨むインド

中印国境紛争によりインドの中国排除が加速しています。7月の閣僚級会談では印中両国が早期撤退する方針を確認していたにもかかわらず、人民解放軍が8月29～30日にも係争地域の印北部ラダック地方に侵入を試みたからです。その対抗として、インド政府はバイドゥや、**騰訊控股**（**テンセント**）など中国が関与する118のアプリの使用禁止を発表しました。インドはすでに「TikTok（ティックトック）」など59アプリを禁止していましたが、これに次ぐ措置です。

また、インド政府は中国企業によるインドへの直接投資の認可をすべてストップさせています。中国民営自動車大手、**長城汽車**によるインド国内の工場買収や、インドの有力スタートアップへの出資など保留案件は175件に上ります。

その後も、印中は国境で再び衝突し、両国ともに相手を非難しています。緊張状態が続くなかでこの問題はさらに悪化することが想定されます。インドとしても中国としてもともに引けない展開であり、紛争の発火点になりかねません。

　また、親中国のミャンマーでも、タイとの国境付近で中国系企業が進めてきた１５０億ドルの巨大都市開発プロジェクトが「違法カジノに使われている」と非難されています。台湾との国交を維持しているのを理由に、中国から経済的圧力をかけられていた太平洋の島国パラオは、対抗として米軍施設の誘致に乗り出しました。仏領ニューカレドニアやソロモン諸島でも、中国の影響拡大による不信感から国論が二分している状況です。

　しかし、国境を接し、しばしば中国と対立しているロシアについては、同国に中国包囲網への参加を期待するのは止めた方がいいでしょう。私は常々ロシアは信用できないのが信用できる、国だといっております。

ついに脱中国へ動くドイツ政府

　欧州でいえば、重い腰を上げて脱中国に動き始めたドイツが注目です。新たにまとめたインド・太平洋戦略で、日本や韓国など民主主義をはじめとした共通の価値観を持つ国との関係強化を打ち出しました。「南ドイツ新聞」は中国離れを示すアジア政策の「急転回」につながると論じています。

ドイツ企業の中国依存は非常に高く対外貿易の約50％を占めています。たとえば自動車販売台数における中国比率は、フォルクスワーゲンが38％、ダイムラーで29％、BMWで28％と非常に高く、メルケル首相が毎年のように訪中していました。欧州は人権問題に敏感なため、ドイツ国内でも中国に対して弱腰であるとメルケル首相への批判も高まっていました。新たな指針では一帯一路の「債務のワナ」の問題も指摘されています。すでに脱中国に踏み切ったフランスとともにEUの中国排除を主導する可能性がでてきました。

日本政府は中国ではなく共産党が「敵」と明言せよ

中国が尖閣諸島および日中中間線をかつてない規模で侵略しているのは周知の事実です。もちろん日本政府もこれに強い危機感を持ち7月に公表された「令和2年防衛白書」でも「力を背景とした一方的な現状変更の試みを執拗に継続しており、強く懸念される」と非難しています。

さらにコロナ禍において、中国が社会不安や混乱を契機とした偽情報の流布を含む宣伝工作なども行っているとの指摘を紹介し、「自らに有利な国際秩序・地域秩序の形成や影響力の拡大を目指した国家間の戦略的競争をより顕在化させ得る」とかってないほど強く批判しました。

しかし、東シナ海や尖閣に対して日本以上に強硬なのが、やはり米国です。古森義久氏のレポートによると、6月中旬にワシントンで公表された連邦議会下院の共和党議員13人が発表した政策提言報告書「米国を強化してグローバルな脅威に対抗する」では、尖閣諸島に対する中国の攻勢についても、「平和と安定を脅かす」として反対を表明し、中国の領有権主張を否定する立場を明確にしています。

また古森氏によれば、同報告書で注目されるのは、「南シナ海・東シナ海制裁法案」への支持を打ち出していることだといいます。

同法案は2019年5月に、ミット・ロムニー（共和党）、マルコ・ルビオ（共和党）、ティム・ケイン（民主党）、ベン・カーディン（民主党）など超党派の14議員が上院に提出したもので、その骨子は、

①中国の南シナ海と東シナ海での軍事攻勢と膨張は、国際的な合意や規範に違反する不当な行動であり、関係諸国を軍事的、経済的、政治的に威嚇している。②中国は、日本が施政権を保持する尖閣諸島への領有権を主張して、軍事がらみの侵略的な侵入を続けてい

る。この動きは東シナ海の平和と安定を崩す行動であり、米国は反対する。③米国政府は、南シナ海、東シナ海でのこうした不当な活動に加わる中国側の組織や個人に制裁を科す。その制裁は、それら組織や個人の米国内での資産の没収や凍結、さらには米国への入国の禁止を主体とする。

同法案はまだ可決こそされていませんが、元来他国の「領有権の争いには中立を保つ」という立場を保ってきた米政府の立場を完全に覆すものです。また、本書の冒頭で述べたように、実際、米国は南シナ海で中国の軍事拠点化に協力した中国企業をＥＬに追加しています。

上院で同法案を提出した議員の１人、マルコ・ルビオ氏は、法案の趣旨に関連して「南シナ海と東シナ海で露骨に国際規範に違反する中国政府の動きを、米国としてはもう放置できない。具体的な経済制裁を打ち出したこの法案は、違反した側の責任を米国が真剣に追及することを明示している。米国が『自由で開かれたインド太平洋』の保持のために『航行の自由』作戦を強化している面からみても、この法案は時宜を得ている」と言明していました。

また、同様に民主党のベン・カーディン上院議員も「中国は南シナ海、東シナ海の両方で、隣接する諸国の海域に侵入し、威嚇を続けている。そんな侵略的な行動は阻止しなければならない。米国は航行の自由を守り、紛争は国際法に従い、平和的、外交的な解決を図ることを求める」と述べたとのことです。古森氏はこのような法案が改めて米議会で脚光が浴びていることに注目しているのです。

また、ロイターによると、在日米軍のシュナイダー司令官は7月29日に尖閣周辺における中国公船による「前例のない侵入」に対しその監視を米軍が支援することが可能との見解を示しました。

さらに同司令官は、ネット会見で「現状に対する米国の日本政府支援へのコミットメントは100％確固たるもの」とし、中国船はこの海域に出入りしており、これは日本の統治に挑んでいるとみていると話したといいます。

当然中国共産党は猛反発し、釣魚島は中国固有の領土だと表明し、8月16日には東シナ海での漁業を解禁し、海上民兵や中国海警局（沿岸警備隊）、海軍に支援された大型のトロール船の航行が可能になるとの見方を示しました。

中国の研究者による日中の激突は、尖閣諸島をめぐる海戦で4日間で中国が勝つというシナリオです。このような挑発的な国に対し、日本では習近平国家主席の国賓来日中止の決定がいまだなされていません。米国は中国共産党と中国国民を峻別し、一党独裁で中国国民を弾圧し搾取する共産党をはっきりと「敵」と明言しています。日本政府は、中国共産党と中国の区別すら宣言できないのです。小さなことのようですが、ここに大きな問題があるように思えてなりません。

中国を平和的につぶすカギをにぎる台湾

9月末に中国は渤海《ぼっかい》、東シナ海、黄海、南シナ海で、実弾を用いた軍事演習を繰り広げました。これは軍事演習の名を借りた明らかな威嚇行為であり、中国と領有権を争うASEAN諸国および台湾、そしてまぎれもなく日本が対象です。

中国が狙う太平洋への拡張戦略は地政学上日本列島、沖縄、台湾、フィリピン、インドネシア、ベトナムという諸島国家群の領海を破らなければ、成立しません。逆にいえばそれらの国々が一体となって各海域を抑えれば中国を封鎖できる構造になっているわけです。そして、中国の発展地域は臨海部であり、ここへの物資の流れが止まれば、中国は内側から崩壊します。これが中国のいう第一列島線です。世界にとって第一列島戦を防衛することが中国の拡張を抑える最大の防衛策ということになるわけです。

原油の流通で考えればマラッカ海峡を封鎖すれば中国の海からの原油供給を断つことができる。また、イランへの制裁も中国の原油供給を断つ戦略の１つともいえます。米国は中東和平によりサウジやＵＡＥなどスンニ派アラブ国家を抑え、中国の原油の供給源を封じ込めようとしているわけです。中国は西側諸国が撤退した後のイランと武器バーターでの原油取引を模索している。これを抑え込むのがイラン制裁になるわけです。

中国の原油備蓄は公称で60日程度、タンカー備蓄などを入れても80日程度とされています。しかし、これは公称であり最大値とみてよいでしょう。中国の場合、汚職なども横行しており実態がわからない。このように考えると長期戦には耐えられないといえるのです。

第一列島戦上にある周辺国は一国たりとも戦争を望んではいない。ただ中国のみがその最大の武器である経済力を盾に、またそれを利用して軍事拡張を行っているのです。これを食い止めなくてはならない。そのための戦術ではなく戦略として、中国を内側から瓦解させるために、まずは、軍事技術の核となる先端分野での開発と拡大を防ぎ、次に戦略物資を抑えてゆく。そうすることによって経済のバブル崩壊を早め、共産党内部の権力闘争を拡大させるのです。

そして、大事なのはこの戦略の核となるのが台湾であり、台湾は技術面においても太平洋戦略においても失えない拠点になっているといえます。だからこそ、中国は台湾を自らのものにしたいわけです。そして、日米はそれを阻止しなくてはいけない。阻止できなければ太平洋を失うことになってしまい、結果的に世界の構図が大きく変わってしまうからです。

10月初旬のポンペオ国務長官の訪日と、日米豪印の「クワッド」外相会談がまさにその動きです。本会談で年一回の定期会合に格上げされることが決定しましたが、これは「アジア版NATO」構築に向けての布石とみていいでしょう。同長官は中国が台湾に軍事攻撃した場合の米国の態度を問われ、「地域の緊張を緩和するためには何でもする」と明言しています。

このような情勢下であることを理解すれば日中友好などできるはずもないのです。中国を支援して日本が亡んだら意味がない。しかしこれをやってきたのが日米の過去の30年ということになるのでしょう。

第6章

中国と共倒れする日本企業

共産党の世界支配を確立する法体系

第1章で中国を制裁する米国の法体系を整理しましたが、では中国の法律はどうなっているのでしょうか。もっとも民主国家と違い一党独裁である強権国家の中国では共産党に都合のいい法律は一昼夜でもつくることができる、という意味で私たちの常識からかけ離れています。

たとえば、「インターネット安全法」がそうです。すなわち安全保障を盾に、中国国内で得た自動運転などに関するデータの国外持ち出しを禁じています。したがって、中国企業は日本で得たデータを本国に持ち帰ることができるのに、日本企業はそれができない。つまり、同法は著しく非対称でアンフェアな法律なのです。

中国のこうした略奪型のルール無視は、技術移転の強要や資本を奪われてきた経緯を思い浮かべればわかると思います。中国は同じことをし続けているのです。

また、中国共産党が9月19日に制定し、即日施行した「信頼できないエンティティリスト」がまさにその例です。

これは2019年6月から予告されていたものですが、即日施行されたのは多くの関係者にとって寝耳に水であったといえるでしょう。しかし、今回の「信頼できないエンティティリスト」の施行により、外国企業とその社員の安全は大きく脅かされることになり、早急に中国のサプライチェーンからの切り離しが必要になるのは間違いありません。

中国では輸出管理に関する3つの強化策を用意しています。

1．中国輸出管理法（法制度）

2．信頼できないエンティティリスト（人と企業・団体）

3、国家技術安全管理リスト（規制物資の特定）

今回の決定は2番目の「信頼できないエンティティリスト」に該当します。また、輸出管理に関しても、全般的な法律である「中国輸出管理法」の制定を決定しており、さらに今後厳格化される予定です。

中国は6月末に施行した「香港国家安全維持法」において、香港の統治を阻害する人物や企業に制裁を掛けることを決定しています。中国人だけでなく、外国人のしかも海外での行動も含んでいるのです。また、台湾との関係悪化により、台湾関連の企業体もその対象になる可能性が高いといえます。

さらに、米国によるウイグルやチベットなどへの制裁に協力した企業に関しても、早期の制裁対象になる可能性が高いといえます。同時に、米国輸出管理における輸出停止に協力した企業などもその対象になりえます。

要するに米国の制裁に対抗して、制裁に協力した海外企業や人物に報復することを示唆しているのです。つまり、中国側からの踏み絵です。

そうでなくても、中国には「国家情報法」で、中国で活動する全企業は中国政府の求めに応じてすべての情報を中国政府に提供しなければならないとしています。今回の「信頼できないエンティティリスト」の制定により、これが強化され、違反した場合の処罰が明確化したといえます。

今後、規制する品目を指定する「国家技術安全管理リスト」も公表される予定です。ここにはＡＩや顔認証などハイテク分野と戦略物資が含まれるとされており、レアアースや蛍石《ほたるいし》（フッ化水素原料）や医療品などが含まれる可能性が指摘されています。

戦略物資を使い他国を服従させたり、懐柔するやり方は中国のマスク外交やワクチン外交、そして、尖閣問題におけるレアアース禁輸問題を見れば明らかです。

米国はコロナ以降、朝鮮戦争時の法律、「国防生産法」を施行し、医療品などの国内自給体制の構築を謳っており、日本も同様の対応を行いました。

いずれにせよ、チャイナリスクが大きく上がったことは間違いなく、日本企業に関しても問答無用で中国ビジネスを放棄する必要に迫られているといえるでしょう。

排除されてもしたたかな中国企業と欧米企業

親中企業に対して米政府も厳しくなっています。

バー米司法長官が中国共産党に近過ぎるとみなす国内企業を「外国代理人」として扱うと警告したことはすでに述べました。共和党だけでなく、民主党バイデン大統領候補は企業に国内回帰を促すため海外生産に「懲罰税」の導入を発表しています。

サムスンも脱中国を加速させています。天津市や広東省恵州市のスマートフォン工場、蘇州市のパソコン工場に続き、天津にあるテレビ工場の生産を2020年11月末までに中止することを発表しました。生産機能はベトナムやメキシコ、ハンガリーなどのテレビ工場に移管するといいます。

その一方で、したたかな中国企業とそれに追随する欧米企業もあります。

たとえば中国国有の化学大手の**中国化工集団**（**ケムチャイナ**）は、米国防総省が6月に発表した中国・人民解放軍に管理されているとされる「米国で活動する共産主義中国の軍事企業」リストに追加登録されたにもかかわらず、ドル建て債の発行に成功しています。総額約30億ドル（3150億円）で、引受先は**バンク・オブ・アメリカ**、**ゴールドマン・サックス**といった米銀大手のほか、英**バークレイズ**や仏**BNPパリバ**、スイスの**UBS**など欧州大手も並びました。ケムチャイナが社債発行時出していた目論見書には、米国防総省作成のリストに入っても、利払いに問題はないと記載され注目を集めていました。ケムチャイナの社債発行の成功を皮切りに今後国有企業の起債が続く可能性は否定できませんが、すでに米上院は、「外国企業説明責任法」を可決しており、下院でも可決され法制化すれば、債券発行も難しくなるでしょう。

「外国企業説明責任法」とは、

①米国に上場する外国企業は政府の支配下にないことを証明しなければならない

②米国に上場する企業が上場企業会計監査委員会（PCAOB）による監査状況の点検を3年連続で拒んだ場合、株式の売買は禁止となる

というものです。

中国は国内法で、企業の会計データの持ち出しを禁じています。このため、国際監査法人が中国に法人を設立し、監査を行い、その監査結果で米国側は適正と判断しているのです。これは2013年、オバマ政権で結ばれた覚書が根拠になっていますが、これを無効にすべきであるという声が強いわけです。

3万社超、どうなる日本の中国高依存企業

多くの日本人にとって懸念なのは、中国高依存の日本の企業でしょう。中国進出企業が1万3600社、中国と輸出入など携わる企業を含めると3万社超もあります（帝国データバンク調べ）。ただでさえ中国経済が失速するなか、新冷戦の余波が直撃するいわゆる「親中企業」の現状をざっと見ていきたいと思います。

中国人観光客によるインバウンド、いわゆる「爆買い」に頼っていた、空運、海運、旅行、ホテル、鉄道、旅客、百貨店、家電量販店、ドラッグストア、外食、化粧品、育児用品などの低迷はいうまでもありませんが、問題は撤退の判断が迫られる中国進出企業です。

車載用モーターでは、**日本電産**がコロナ禍であっても、２０００億円中国に再投資することを表明しています。

また、中国が世界1位の市場を持つ自動車では、トヨタもホンダもこの期に及んで中国市場を強化する方針です。**東風汽車集団**は日産、ホンダと、**第一汽車集団**はトヨタ、**広州汽車集団**はホンダ、トヨタと合弁会社を運営しています。

次世代自動車でも、中国検索大手の**百度**（**バイドゥ**）のアポロ計画にはトヨタ、ホンダが参加しています。また**滴滴出行**によるカーシェアの企業連合「Ｄアライアンス」にも、トヨタ、日産、三菱が参加しています。そして、滴滴は日本ではソフトバンクと50％ずつ出資した合弁会社**ＤｉＤｉモビリティジャパン**を運営しています。

リチウムイオン電池では日産は中国のＥＶ用電池で急成長し、車載用で世界首位（**パナソニック**はシェア20％で第2位）の**寧徳時代新能源科技**（**ＣＡＴＬ**）や**欣旺達電動汽車電池**と提携。ＣＡＴＬとはトヨタもホンダも提携しています、またトヨタはＥＶメーカーの**ＢＹＤ**とも組んでいます。

このように中国と骨がらみなのが自動車業界です。第1章でついにドイツ政府が中国排除に方針転換したことを紹介しましたが、日本同様ドイツ企業は別とみていいでしょう。

したがって、自動車日系部品メーカーも親会社である自動車メーカーの中国進出とともにでた企業が多いため、総じて中国依存度が高い。

また、リチウムイオン電池の材料であるセパレーターのコーティング技術を、**上海エナジー**に供与する**帝人**も影響があるでしょう。自動車や航空機向け素材の販売の低迷など2021年3月期（今期）の連結純利益が前期比21％減の200億円になりそうだと発表しています。

2輪車市場規模は世界3位（シェア12％）の中国では、世界で断トツ1位のホンダは、関連会社の**五羊本田**と子会社の**新大州本田**があります。

コマツを筆頭に建設機械、工作機械やロボットなども長年高度成長が続いた中国市場の影響は大きく、中国の景気悪化とともに急減速しています。

中韓勢が巨大化する造船では、**南通中遠川崎船舶工程**（**NACKS**）をはじめ中国合弁2社と連携強化する**川崎重工業**（日本国内3位）の影響が心配です。

学習用端末で中国**レノボ**の子会社である**レノボNECホールディングス**、**富士通クライアントコンピューティング**、またレノボと提携する**NTTコミュニケーションズ**。パソコン・タブレットでは、レノボとの合弁会社レノボNECホールディングス（33・4％出資）

を運営するＮＥＣ。白物家電で世界トップの**中国美的集団（Midea）**に買収された**東芝ライフスタイル**。

エアコンでは空調事業の売り上げシェアで13％のシェアを持つ**ダイキン工業**はコロナ禍により20年度は売上高が前年比４割減る見込みです。中国が世界最大市場なだけあって影響は大きい。

銅、アルミニウム、亜鉛、ニッケルなど非鉄金属業界も中国に高依存しています。中国で工場も店舗ももつ**ユニクロ（ファーストリテイリング）**は直撃でしょう。コンビニも中国に多数進出している、**ローソン、ファミリーマート、ミニストップ**もどうするのか。

近々だと大手アパレルの**レナウン**も中国ビジネスで苦境続きで、13年に中国・**山東如意科技集団**に買収されましたが、20年５月にとうとう経営破綻しました。親会社の山東如意自身が19年の社債償還に追われていますが、同社には**伊藤忠**が30％出資していました。伊藤忠は総合商社日本第２位で中国の国有巨大複合企業の**ＣＩＴＩＣ**に10％出資しており、18年にＣＩＴＩＣ株で１４００億円減損処理するなど、中国ビジネスの影響は無視できませんが、いまのところその苦境が報じられないのは、同社の営業収益の約８割を日本で稼いでおり、中国は３％と意外に少ないからでしょう。

直近の動きだと、**三井物産**が、中国で製鉄所の排ガスからエタノールをつくる事業に乗り出そうとしています（「日本経済新聞」9月25日）。現地企業などと800億円を投じ、数年内に10工場を整備する計画です。中国が進める環境政策の排ガス規制で市場に伸びしろがあることと、ＥＳＧ（環境・社会・企業統治）投資を呼び込む狙いがあるようですが、チャイナリスクも否定できないでしょう。

中国撤退のジレンマ

日本企業にとって中国撤退のハードルの高さ、そのジレンマはよくわかります。中国の場合、海外への送金規制により、外国企業が国内で生み出した利益は、国外になかなか持ち出せないようになっています。そのため、利益は中国国内に再投資するしかない、という蟻地獄です。仮に撤退するとしても、撤退時に日本にお金を持って帰れない。そうなると、帳簿上は資産というかたちで利益が中国に残ることになるのに、持って帰れないので、全損扱いで損金計上しなくてはならない。損金計上すると、バランスシート上の企業の業績が一気に悪化する。持ち帰れない架空のお金であっても、帳簿上は残っているからです。これが全損ということになると、帳簿上のお金が一気に消えてしまうので、バランスシートがおかしくなる会社が出てくる。そういうジレンマがあります。

そもそも外国企業は、撤退したくても事実上、当局の許認可がなければ会社を清算できません。よくあるのは、外国企業を誘致する餌としてタダ同然で渡していた土地や建物などそれまでの優遇措置で得た利益の返還を求められることもあります。

したがって、撤退するには、会社の全財産のほとんどを中国に渡すかたちで清算するしかありません。

中国では、外資系企業は単独では会社を設立できない。必ず中国企業との合弁会社をつくるかたちで起業することが求められるため、撤退する際にすべて合弁先に奪われることが多いわけです。

このため、取締役会に中国側役員が最低1人含まれるわけです。そして、会社の生産や撤退などは全員合意が必要、また、合弁先の中国企業には取締役会の上に中国共産党支部がある形で、事実上、中国共産党の指示で動いているわけです。

たとえば**カルビー**は、合弁相手の**康師傅方便食品投資**に合弁会社の持ち株を1元（約19円）と破格値で譲渡し、合弁事業を解消しました（2015年）。

こうした外国企業の海外送金や撤退については、外商投資法によって法律上は自由化されるようになりましたが、労働争議など民法上のトラブルを抱える企業責任者の出国を禁じる中国民事訴訟法第２３１条のように、外商投資法の内容を制限するような法律もある。

また、国内企業であっても、輸出入で中国に高依存している企業の苦境も察するに余りがあります。大企業のように資本がない中小企業の経営者は大変です。特に関西の中小企業は輸出入額に占める中国の依存度が全国に比べて高く、打撃が大きい。なかには99％が中国との取引という業者さえあります。

中国進出企業にしても、19年は中堅から大手が中国から撤退する一方、中小企業の中国進出はむしろ増えているのです。

企業の脱中国を後押しする日本政府

香港を含む中国全土で働く日本人従業員は１０３万人います（２０１９年９月末時点）。端的に言ってもし米中が軍事衝突した場合、日本人従業員の命の保証はあるのでしょうか。くり返しますが「人質」にとられたようなもので、各社は急ぎ対処する必要があります。米国は大統領が昨年8月23日に中国に進出した米国企業に対し即刻撤退するよう求めています。

したがって、企業だけでは撤退が難しい以上は、日本政府も積極的にその支援をしなければならないわけです。たとえば、ジェトロにしても、グローバリズムに乗って日本企業の中国進出をあおったのだから、その撤退も手伝わなければ、本来おかしいのです。しかし、コロナ禍を機に、ようやく日本政府も企業の脱中国の支援に乗り出したことは、大きな一歩です。

3月5日に、首相官邸で開催された第36回未来投資会議において、中国への依存脱却を明言し、日本への生産回帰とASEANなどへの分散を国策とすることを表明しました。

具体的には、日本政策投資銀行（政投銀）を通じて、企業が日本国内に工場を移す資金を緊急で貸し出し、1億円超の財源を想定したものです。日本で需要の大きい製品や、輸出しても採算が合う高付加価値製品を、生産する企業に重点的に融資する。その際、工場の立地予定地は地方になるので、政投銀と地方銀行との協調融資になるのですが、これは地方再生にもつながります。

日本政府は2020年度補正予算に、東南アジアに工場を分散させる補助金に235億円を計上しており、6月までの1次募集ではHOYAのベトナムや、ラオスでの電子部品の生産など、30件の事業を対象に合計100億円強をすでに採択しています。9月3日に2次募集を開始したのに合わせ、「日ASEANのサプライチェーンの強靭化に資する案件」も対象に加えました。インドやバングラディッシュを想定しています。

2次募集は生産拠点の分散に関する事業の実施可能性の調査や、試験的な設備の導入、モデル事業の実施などが対象に、補助総額は数十億になる見通しです。

また、マスクや医薬品などの中国依存を見直し、国内生産しようとする企業の動きが加速しています。国内への生産回帰を支援する政府の補助金への応募が殺到し、10月に採択予定の1600億円の競争率は11倍になりました。

6月までの応募は90件（996億円分）あり、選考審査として57件（574億円分）はすでに採択されています。

岐阜県でワクチンを製造する**塩野義製薬**、三重県でマスク製造を手掛ける**シャープ**、**アイリスオーヤマ**や**白十字**、ゴム手袋は**ショーワグローブ**、**三興化学工業**、コロナ遺伝子試薬は、**富士フイルム和光純薬**、**秋田住友ベーク**、医薬品の**ニプロファーマ**、注射用部品の

テルモ。医薬品原薬メーカーの**エースジャパン**は原料の中国からの輸入を止め、21年夏にも山形県での工場建設に着工し、原料からの一貫生産を始めます。

医療関連に加え、兵庫県で自動車部品を製造する**カネミツ**などの製造業や、ＡＳＥＡＮ諸国に生産拠点の多元化を図る30件の支援も併せて決定した。対象はマレーシアで医療用製品基布を製造する**東洋紡**や、ゴム手袋を製造する**住友ゴム工業**、ベトナムなどでハードディスクドライブ用部品を製造するＨＯＹＡや、自動車部品を製造する**ヨコオ**などがその対象となります。

投資家としての孫正義氏の虚像

しかし、日本で代表的な親中企業といえば、やはりソフトバンクＧでしょう。

前述のようにソフトバンクＧは英**アーム・ホールディングス**をＧＰＵ大手の米**エヌビディア**に４００億ドル（４・２兆円）で売却することが決まりました。エヌビディアはソフトバンクＧと**ビジョン・ファンド**に現金１００億ドルずつとエヌビディア株２１５億ドル分を支払う。ソフトバンクＧはアームを約３・２兆円で買っていたので売却完了後には１

ソフトバンクGの主な事業子会社と投資先

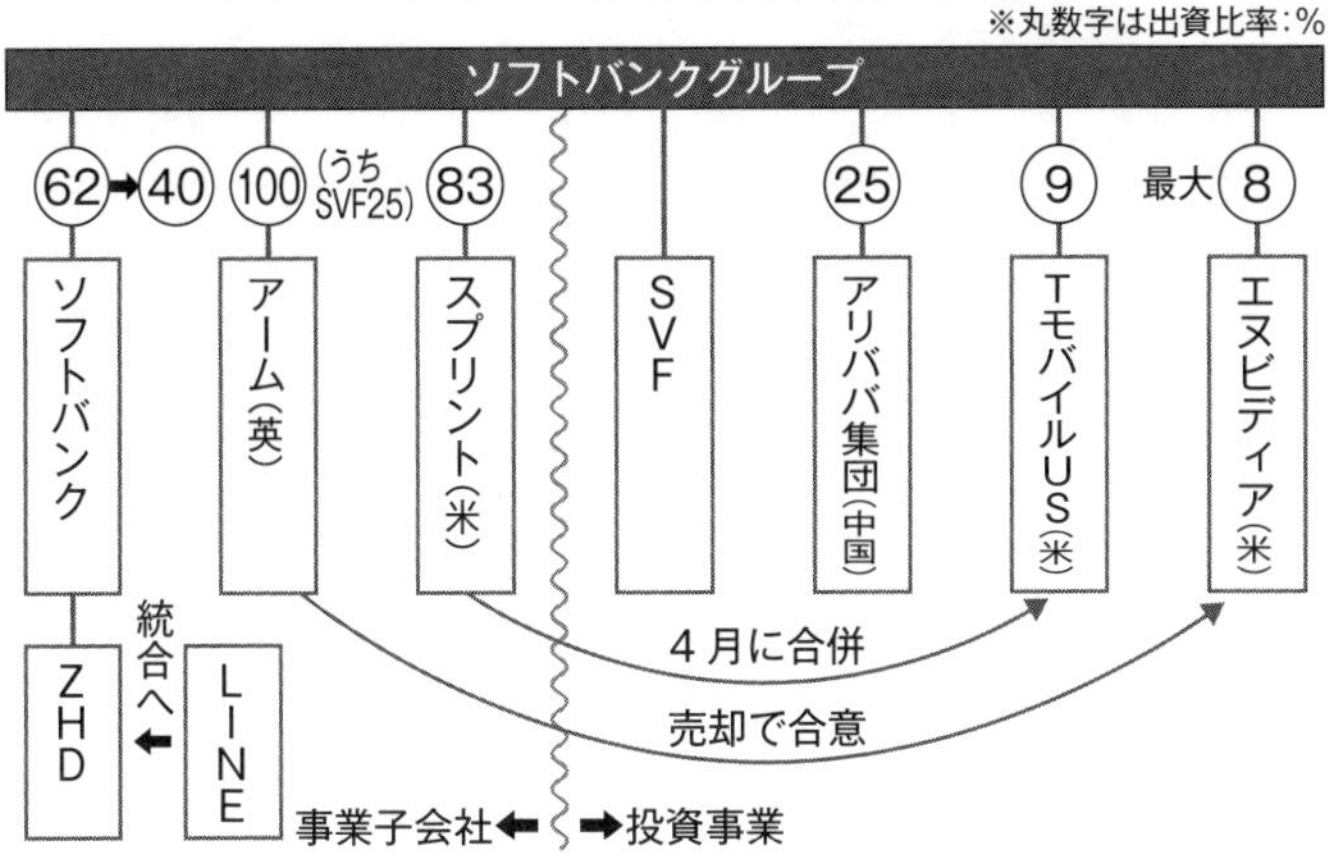

（注）アリババへの出資比率は3月末、Tモバイルは6月末時点
出所：日本経済新聞

兆円余りのキャピタルゲイン（利益）となります。同時に、エヌビディア株を6・7〜8・1%保有する大株主になります。当初孫氏の計画では、2022年に新規株式公開（IPO）を検討していたが、路線変更した格好です。

同様の手法で、ソフトバンクGが100%の株を持つ子会社の携帯端末販売の米**ブライトスター**の全株式を、投資ファンドに売却すると発表しました。アーム同様のやり方で、すべての株を売却したうえで、新たな親会社の株式25%を取得するわけです。

この2つの買収で見えてくることは、孫氏は買収や投資した企業の経営からは手を引き、完全な投資会社へ移行したということです。

私は孫氏の投資家としての手腕には懐疑の念を抱いています。それを確かめるためにも、ソフトバンクGが投資会社にいたるまでの経緯を振り返りたいと思います。

迷走するソフトバンクG

90年代にインターネットが普及するのを見込んで米ヤフーに出資していた孫正義氏が目利きとして絶賛されることになったのは、周知のようにアリババ集団へ投資した2000年のことです。当時、創業間もないECスタートアップのアリババに投資した2000万ドル（約20億円）が2014年の米ニューヨーク証券取引所に上場した際には、時価総額が2300億ドル（約25兆円）に成長していました。当時のソフトバンクの出資比率は32・59％であったため、時価評価は約11兆6000億円となり、約8兆円の含み益を生み出す結果になりました。（ちなみにソフトバンクGが保有する現在のアリババ株は約15・3兆円〔2020年8月時点〕です）しかしそれはまだのちの話です。

翌2001年9月には「Yahoo! BB」のブロードバンドの商用サービスを開始

し、04年7月に**日本テレコム**を子会社化し固定通信に参入、06年4月に英**ボーダフォン**日本法人を買収し、携帯通信に参入しました。13年7月には米通信会社の**スプリント**を買収、今回売却を発表したアームを買収したのが、16年9月です。17年5月には鳴り物入りで「10兆円ファンド」の「ソフトバンク・ビジョン・ファンド」を立ち上げ、18年12月には子会社であるソフトバンクを上場させました。

買収後に業績が悪化したスプリント（2017年には有利子負債15兆8049億円のうち、4兆1364億円がスプリント）買収はともかく、アームまでの大型M&Aは成功例とみられてきました。それが、「AI革命」を起こすと有望ベンチャーに次々と投資してきたビジョン・ファンドから急降下しました。

ビジョン・ファンドのビジネスモデルは「ベンチャー・キャピタル・ファンド」といって、海のものとも山のものともわからない新興企業に成長することを見込んで出資し、新規上場（IPO）させることにより得た上場益を抜くやり方です。当たればデカい。しかしいうのは簡単ですが、たいていは失敗します。「千三（せんみつ）」という言葉があるように「千に三つ成功すればいい」というレベルです。

ソフトバンクGの凋落《ちょうらく》が浮き彫りになったのは、グループでの19年の7―9月期の連結決算で7000億円以上という巨額の赤字を出したことです。投資先の**ウィーワーク**という米国のレンタルオフィス会社が赤字となり、ビジョン・ファンド単体で1兆円近い赤字を出しました。

ウィーワーク以外にも配車サービスの**ウーバー・テクノロジーズ**、ビジネス対話アプリの**スラック・テクノロジーズ**も赤字を出しました。さらに、非上場のインドのホテルチェーンの**OYO（オヨ）**も経営悪化のため、世界で約5000人を削減し、従業員数を2万5000人前後とする計画を出しました。

さらに、ソフトバンクGが19億ドル出資する英衛星ベンチャー企業**OneWeb**が資金繰り難のため経営破綻しました（20年3月27日）。また、ブルームバーグによると、ソフトバンクGが支援する米カーシェア企業**ゲットアラウンド**が身売り先を求めていると報じられました（3月21日）。

19年7月にビジョン・ファンド2という、さらに大きなファンドをつくると発表しましたが、2に関しては資金が全然集まっていない。約12兆円の目標に対しなんと2000億円しか集まらないという非常事態になってしまったわけです。

ビジョン・ファンドは市場の独占を目指してスタートアップ1社につき最低でも1億ド

個人株主として1兆円を超える孫正義氏

順位	株主名	保有額(億円)	増減率(%)	保有銘柄
1	孫正義	1兆6644	▲33	ソフトバンクG
2	柳井正	9739	▲15	ファストリ
3	滝崎武光	6530	1	キーエンス
4	柳井一海	2113	▲15	ファストリ
5	柳井康治	2112	▲15	ファストリ
6	三木谷浩史	1446	▲22	楽天
7	永守重信	1387	▲20	日本電産
8	三木正浩	1156	▲18	ABCマート
9	福嶋康博	1140	24	スクエニHD
10	三木谷晴子	1087	▲22	楽天
11	荒井正昭	1068	17	オープンH
12	藤田　晋	1032	▲12	サイバー
13	和田成史	1012	▲4	OBC
14	鈴木郷史	1010	▲43	ポーラHD
15	小林章浩	926	7	小林製薬

(注)敬称略。日経会社情報デジタル調べ。保有額は直近の保有株数と2020年3月末の株価で計算。増減率は前の年度比、▲は減少

ルを投資する戦略なんですが、3年足らずで800億ドル（約8兆8000億円）以上を〝溶かす〟結果になってしまったわけです（『WIRED』20年1月20日）。

20年3月期は1兆3000億円という巨額赤字を出し、騒然となりました。

物言う株主である米投資会社のエリオット・マネジメントから自社株買いの要求を受け、3月、4・5兆円の資産を売却・資金化し、2兆円の自社株買いと負債削減に充てる計画を発表し、実際アリババやソフトバンク、TモバイルUS株の売却や資金化によって目標を達成しました。

このように眺めていくと孫氏の投資は大半がうまくいっていないことがわかります。ア

リババ投資が大成功したことによる虚像であり、孫氏自身もその成功体験から抜け切れていないのではないか、というのが私が氏の手腕に対して疑問を持つ大きな理由です。

ソフトバンクは非上場に向かうのか

孫氏はＡＩのユニコーン企業（企業としての評価額が10億ドル〔約１２５０億円〕以上で、非上場のＩＴベンチャー企業）に投資をすると言うのですが、ウィーワークはいってみれば単にインターネットで募集するだけの貸部屋屋です。また、ウーバーはインターネットで呼べる白タクでしかありません。

それから投資先の問題だけでなく、投資した同業他社にも投資していることも問題です。これは合併を想定して、市場を支配するための戦略なのですが、結果的にシェアを食い合って終わっています。たとえば、ウーバーと同様の配車サービスである滴滴出行（中国）に投資しています。シェアを取りきれないということは、第三者がいるので、価格競争だけが延々続くことになって、資金がどんどん減っていく。１つの業種で２つの会社に投資するなら、合併させればいいのですが、合併させると独禁法に引っかかってしまう可能性が高い。

また孫氏はソフトバンクGの保有株式の時価評価の透明性を訴えていますが、危うい。2020年3月期第3四半期決算説明会では、だいたい31兆円（アリババ16・1兆円、ソフトバンク4・8兆円、スプリント3・2兆円、ビジョン・ファンド3・2兆円、アーム2・7兆円、その他1・1兆円）の資産を持っていると自称するのですが、たとえば株価が下落した3月12日時点のアリババ、ソフトバンク、スプリントの3社合計の評価額は19・9兆円で、1月前の2月12日にあった24兆1000億円から4兆2000億円、率にして17％も減少したことからもわかります（日経QUICKニュース、3月13日）。相次ぐ自社株買いなどで株価は持ち直しましたが、一時2687円まで下落したことは記憶に新しい。

さらにビジョン・ファンドが保有する他の持ち株に関する会計も不透明です。大半がユニコーン企業で、非上場株なのをいいことに評価益を引き上げている疑いがもたれています。

日本の会計基準では非上場株式の評価益は認められませんが、国際会計基準（IFRS）ではそれを認めている。つまり非上場＝市場価格がないため、自己評価できる仕組みなのですが、それを逆手にとった。通常は自己評価できるといっても、儲けをださないために資産評価を低くするのですが、それでは資金が集まらないため、あえて評価益を釣り上げている、というわけです。

それとこれは経営だけでなく企業倫理の問題ですが、ソフトバンクGの黒字を消すやり方が「事実上の脱法行為」（国税庁幹部、エヌピー通信社）だという問題です。アーム・ホールディングス買収のさいに、同社の中核事業である**アーム・リミテッド**の株式の4分の3を配当の名目で受け取ったうえで、価値のなくなったアーム・ホールディングスの株をビジョン・ファンドなどに8割を売却させ、2兆円を超える赤字（財務上の欠損金）を創出し、他の利益で帳消しにしました。ようするにアーム・リミテッドの親会社がアーム・ホールディングスからソフトバンクGに移っただけで、法人税を納めずにすんだのです。しかもこのやり方だと翌年から10年間にわたって繰り越し、黒字から差し引き毎年税負担を軽くすることができるのです。

国税庁は翌2020年の税制改正大綱でこのような脱法行為を防ぐ枠組みを作ろうとしています。企業の租税回避と税制改正はいたちごっこですが、GAFAのようなグローバル企業同様に巨額の利益をあげておきながら自国に税金を払わない企業のやり方は許されないでしょう。

ソフトバンクGが保有していた主な保有株（20年6月末時点）

銘柄	金額
アマゾン	10.4億ドル
アルファベット	4.8億ドル
アドビ	2.5億ドル
ネットフリックス	1.9億ドル
マイクロソフト	1.8億ドル
エヌビディア	1.8億ドル
テスラ	1.2億ドル
ショッピファイ	1.1億ドル
ペイパル	1.1億ドル
ズーム	1.1億ドル
スクエア	1.1億ドル
スポティファイ	1.1億ドル
ペイコム・ソフトウエア	1.0億ドル

出所：sec

しかし、ここにきてソフトバンクGは危機感から路線変更しているようにみえます。じっさい、「ＡＩ投資だけじゃない。もっと広くデジタルに投資しないと」と社内関係者に話したと言います（２０２０年「日本経済新聞」）。ソフトバンクGが新設した運用会社によるアマゾンやアルファベット（グーグルの親会社）、マイクロソフトなどの上場株を購入したことが報道されましたが、ビジョン・ファンドの理念とは真逆です。コロナ禍でもＩＴ株が上がっているとはいえ迷走といっていいでしょう。しかも高値づかみの可能性が高い。また、市場では孫氏自らがソフトバンクGを買収するＭＢＯを行い非上場にするのではないかとの観測も消えません。

中国と共倒れ構造のソフトバンクG

ソフトバンクGの致命的な問題は投資先が中国圏に傾斜していることです。保有株の比率をみても2020年8月時点でアリババだけで67％を占め、ビジョン・ファンドの投資先も46％が中国・アジアです。トランプ政権が米国事業の切り離しを求めている「ティックトック」を運営する**バイトダンス**にビジョン・ファンドは投資しています。ソフトバンクGだけでなく、アリババ自身もさまざまなユニコーン企業を買収して、バイトダンスもその1つですが、それらの企業が米国のエンティティリスト（EL）に入れられる可能性があります。

そうなるとその投資そのものが否定される可能性もあり、アリババ自身に制裁が及ぶ可能性もあるのです。

アームにしても、中国合弁会社**アーム・チャイナ**の反乱も明らかになりました。アーム・チャイナには中国系ファンドなどの企業連合が51％を出資しているが、6月に英本社が「不適切な行為が確認された」としてアーム・チャイナのトップの解任を発表し、中国側がそれを否定する事態が起きています。「中国側が独断で技術を開発しているのではないか」との指摘もあり、ソフトバンクGもそれを傍観していた疑いがあります。米ＩＴ株の購入も中国依存へのバランスをとる必要に迫られての判断とみることも可能でしょう。

結局、ソフトバンクGのやっていることはユニコーン企業を上場させて、上場させた時点で売り払って現金に換えるという、モデルにすぎません。

したがって、売り払うことを前提としたモデルなのですが、いまのマーケットの状態では、ＡＩ関連の業種はそれも難しい。まして中国の息がかかっている会社など誰も買いません。買うとしたら中国政府くらいでしょうが、その中国政府も外貨＝ドル不足にあえいでいます。結局、ソフトバンクGも中国が倒れると一緒に倒れてしまう構造になっているのです。

ソフトバンクGがもたらした教訓は、やはり「ユニコーン」というのは架空のものであり、実在はしないのだということかもしれません。

中韓に奪われた市場を取り戻せ

日本企業は対中国を意識した米国向け法規制への対応を迫られています。デジタル証拠の改竄《かいざん》を防ぐ「eディスカバリー（電子証拠開示手続き）」や、サプライチェーン上で不当労働を排除する「人権デューディリジェンス」の導入など「改善点が160項目ほどある」との試算もあります（多摩大学大学院の國分俊史教授）。

また、防衛では米国防総省は2018年以降、セキュリティ対策のできていない企業を納入不可にしています。取引先からの情報漏洩も自社の経営責任とされます。日本の防衛省も21年までに同等の調達基準を実施します。

自動車ではEUは22年7月以降の新車販売で、下請けも含めたサイバー攻撃対策を自動車メーカーに義務づけます。日本や韓国、ロシアなど50以上の国・地域でも同様の規制が適用される見込みです。

通信では、米国が19年8月に、ファーウェイなど5社の製品の政府調達を禁止しました。20年8月以降は機器を利用している企業との取引も禁止にしています。これは下請け企業での利用も取引禁止につながる可能性があります。

このように日本企業は脱中国と中国対策を迫られる一方で、デカップリングにより、中国企業や韓国企業に奪われた市場を取り返すチャンスでもあります。

たとえば、発電所、鉄鋼は中国企業に席巻され、テレビは世界シェアを韓国が50％近く、中国が20％強占めています。造船も中国35％、韓国33％と中韓が7割で、日本は24％にすぎません。スマートフォンにしても世界首位のサムスン電子、世界2位のファーウェイをはじめ、世界3位のアップル以外は中韓勢にトップ10を占められています。

繊維では汎用品であるポリエステルは83・4％、ナイロンでも78・9％が中国で生産されて、日本は技術力での闘いを強いられ、20年前と比べ生産は半減していました。

第1章で詳説した半導体もそうですが、中韓に奪われた市場を取り戻すチャンスであり、いまこそオールジャパンで臨むべきです。

これも私は何度も書いてきたことですが、「中国製造２０２５」で内製化を目指すということは、逆にいえば中国の市場から外国企業をすべて追い出すという意味です。その技術がないからいまのところ中国共産党は日本企業に秋波《しゅうは》を送っているだけのことで、「米中両方と仲良くしよう」という財界は甘いというほかはありません。脱中国、中国排除が苦渋の決断であっても、その結果企業が市場を取り戻せれば、ひいてはそれが米中覇権戦争において日本が生き残る道になるのです。

第7章

新冷戦で復活する日本経済

産業スパイでないことを証明せよ

これまでみてきたように中国のヒト・モノ・カネを排除する米政府の新たな法律に日本政府の省庁はもちろん、企業、大学、研究機関も対応を迫られています。

一方、第4章で指摘したように中国は中国で自国の技術規格を国際標準化させる「中国標準2035」を2021年に向け策定し、中国人がトップを務める国連専門機関ITU（国際電気通信連合）において、インターネット監視を行うために、**ファーウェイ**考案の新IP（インターネット・プロトコル）への変更を迫っています。またスマートシティ分野ではISO（国際標準化機構）ならびにIEC（国際電気標準会議）へ住民監視システムを実体化する国際規格を提案中です。

そうした中国による一方的な世界支配のルールに対抗し、米国のアジアにおけるプレゼンスが落ちたさいにも対応できるように自民党有志で検討し提言する「ルール形成戦略議員連盟（ルール形成議連）」（会長甘利明）と、自民党「新国際秩序創造戦略本部」（本部長岸田文雄）は、「セキュリティ・クリアランス制度」の導入に関して動き出しました。これは機密情報を扱う「ヒト」に対して、国が審査し、権限を与えるものであり、英米などでは必須の資格になっています。ようするに自分が産業スパイでないことを証明するものです。

米国で立て続けに摘発される中国人スパイ

米国ではこのところ、立て続けに中国人スパイの事件が発覚しています。

２０２０年6月には、サンフランシスコ連邦地検と連邦捜査局（ＦＢＩ）によると、米ロサンゼルスで、米国を出国しようとしていたスパイとみられる中国人研究者が、ビザに関する不正の容疑で逮捕されました。

または7月21日には、新型コロナウイルスの研究をする米企業に対して諜報活動を行った疑いで、米司法省が中国人の男２人を訴追したと発表しました。同省は新型コロナのワクチン開発に取り組む研究所を標的にするハッカーを、中国が支援していると非難しました。また、検察によると、２人は２００９年から「数億ドル相当の企業秘密、知的財産、そのほかの有益なビジネス情報」を盗んでいたといいます。

さらに、8月17日にも、米国の司法省は中国のスパイとして活動していた容疑で、米中央情報局（CIA）の元職員を逮捕したと発表しました。同じくCIA職員だった親類と共謀し、機密情報を中国の情報機関に渡していたといいます。

米ヒューストンにある中国総領事館の閉鎖も、当館がスパイの一大拠点になっていた、というのが理由でした。

そもそも中国には国家を挙げてスパイ活動を推奨する「千人計画」があります。「千人計画」とは、2050年までに中国が科学技術において世界トップになることをめざし、世界じゅうから優秀な研究員を募集するプログラムで、もちろん日本人もターゲットです。

また、海外で活躍する中国人研究者を呼び戻すことも行われていました。この計画は2008年から始まり、2017年までに7000人の研究者を集めたとされます（「Natureダイジェスト」2020年2月号）。このような研究者たちは罪の意識はないかもしれませんが、明らかな利敵行為であり、当然米国は資金移動のデータなどからこれについての追跡を始めており、大学に対しても教育省が強い警告を出しています。

1月にはノーベル賞候補の1人とまでいわれた教授が逮捕・起訴されました。

また、７月には在ヒューストンの中国企業の子会社代表だった中国系科学者が、潜水艦に使われる技術を盗んだ事例を挙げ、「領事館員がどんな情報が必要か伝えて集めさせていた」と米司法省高官が明かしています。

米連邦捜査局（ＦＢＩ）のレイ長官によると、この科学者が「千人計画」に応募し、「中国の国有企業のために、米国の関連技術を『消化』し『吸収』することを中国側に約束していた」といいます。さらに同長官は、「千人計画」にかかわった学者の摘発例として、４人の学者を挙げています。

10億ドル相当の電池技術に関する企業秘密を盗んだ中国人学者（オクラホマ州の米石油企業勤務）、潜水艦に使われる技術の秘密を盗んだ中国系科学者（テキサス州ヒューストンの中国企業子会社代表）、カリフォルニア、マサチューセッツ両州の複数米企業から無線技術を盗んだ天津大学の中国人教授、在職中、中国・武漢理工大の「戦略的科学者」に就き、月５万ドルの生活費や中国における研究室の設置費１５０万ドル以上を得ていたのに、米政府の調査にウソをついたとされるハーバード大科学・化学生物学学科長の米国人など。

米国の法律では、米国の大学が外国から年間に1回または複数回にわたって総額25万ドル以上の寄付金を受け取った場合、教育省に報告する義務を課していますが、これがきちんと行われていない実態も明らかにされています。

米国では犯罪収益は没収が前提であり、さらに懲罰的賠償（収益の3倍まで）を科すことができます。また、国を裏切る行為や産業スパイは、終身刑などの厳罰に処せられます。

レイ長官によると、2月時点でＦＢＩが捜査中の中国によるスパイ疑惑が約１０００件にものぼっているといいます。そして、ＦＢＩが「約10時間ごとに、中国関連の新たな防諜活動を開始している」ことを明らかにしました。

米国の教育界や研究開発の分野の親中派の科学者にとっては脅威であり、中国の大学や研究機関にいる米国人研究者や技術者の多くはこれに脅えているのです。

世界の先進国では常識の「セキュリティ・クリアランス」

自らが産業スパイでないことを立証するためにも、また産業スパイから情報を守るためにも、セキュリティ・クリアランス制度が必要なのです。というより、日本以外の先進国ではこの制度があるのは当たり前のことで、海外の研究機関では、スタッフの国籍や経歴、家族制度まで調査されます。入社面接で、両親の職業すら聞いてはならない日本が異常なのです。したがって、同制度がなければ欧米などの機密情報に接することができなくなります。

英国のブレア元首相がファイブ・アイズに日本を加えて「シックス・アイズ」にしようと提案していますが、ファイブ・アイズはそもそもシギント――通信を傍受して分析する、軍事・安全保障上の諜報活動による協定です。１９４６年の米英の機密情報共有協定から始まったもので、いまの日本の法体系では入る資格がありません。

日本は法律や制度の整備はもちろんのこと、安全保障に対する政府・企業・国民の意識改革も必要です。「新冷戦」は軍事・安全保障とともにデジタル覇権をめぐる対立でもあり、経済や技術が最前線といっても過言ではない。したがって、経営者も産業スパイの問題が軍事・安全保障にかかわる問題であり、単に「被害者」ではすまないことを銘記すべきです。

そうした観点からすれば、セキュリティ・クリアランス制度はすでに海外と共同研究などを行っている企業等にとっても大きな問題であり、産業界にとっても必須の資格です。

この制度を作ることで、「ホワイトリスト方式」での危険人物の排除が可能になります。ブラックリストが危険人物の排除に対して、ホワイトリストは安全な人を指定し、それ以外をグレー又はブラックとするものであり、無資格者を機密情報から排除することが可能になります。その意味ではブラックリスト方式よりも厳格であり、排除の範囲が非常に広くなるといえるのでしょう。そして、これは民間だけでなく、官庁にも適用され、国内の危険人物の洗い出しが可能になります。

基本的には米国のホワイトリスト制度であり、事前承認済みで危険度の低い旅行者の米国入国プロセスを促進するグローバルエントリーと、元公安で、19年9月から国家安全保障会議（NSC）の事務局トップに就いた北村滋国家安全保障局長の、連動案件になるでしょう。米国本家のNSCは情報機関のトップといってもいいでしょう。ようするに公安マターとの連動による省庁内のスパイや国内の「パンダハガー（親中派）」狩りが始まることになります。

たとえば、日本学術会議の会員の任命を総理に拒否されたことをめぐり、「学問の自由を守る」と同団体が非難しましたが、こういうことは今後はもう通用しなくなるということです。

甘利明氏が８月の「国会リポート第４１０号」に書いているとおりなのだと思います。

「日本学術会議は防衛省予算を使った研究開発には参加を禁じていますが、中国の『外国人研究者ヘッドハンティングプラン』である『千人計画』には積極的に協力しています。他国の研究者を高額な年俸（報道によれば生活費と併せ年収８０００万円！）で招聘《しょうへい》し、研究者の経験知識を含めた研究成果をすべて吐き出させるプランでその外国人研究者の本国のラボまでそっくり再現させているようです。

そして研究者には千人計画への参加を厳秘にすることを条件付けています。中国はかつての、研究の『軍民共同』から現在の『軍民融合』へと関係を深化させています。つまり民間学者の研究は人民解放軍の軍事研究と一体であるという宣言です。軍事研究には与しないという学術会議の方針は一国二制度なんでしょうか」

ティックトック使用に警告を発したルール議連

ティックトックの米国での使用をめぐり米中が対立していますが、ティックトックに対する利用制限は米国だけでなく、英国や豪州でも安全保障上の問題を理由に、中国製アプリの使用禁止が検討されています。前述したように、インドは118のアプリをすでに禁止にしたように、各国が禁止、あるいは禁止する方向に舵を切っているなかで、日本だけが遅れていました。ちなみに日本におけるティックトックの利用に警鐘を鳴らす提言をまとめたのが、ルール形成議連です。これは米国の「クリーン・ネットワーク」に連動したものです。

現状のままであれば、ユーザーの個人情報が中国企業の運営するサーバーに収集され、本人の知らないところで、中国共産党に流れるからです。ティックトックに登録されている情報だけでなく、アプリがインストールされているスマートフォンを通じて、他のアプリ上のメールやID、パスワードが抜き取られる危険性が高い。実際、米国では、無断でアカウントを作成されて、顔や声など個人を識別する生体情報などを読み取られたとして、米カリフォルニア州の学生が集団訴訟を起こしています。

たとえば、自分の顔の写真を美しくするアプリが流行っていますが、そうした情報が収集のターゲットになっている。一枚の写真からでは顔データは生成できなくても、繰り返し加工アプリを使用させることで、最終的に立体データを作成することができれば、別人が顔認証を突破できる危険があるのです。虹彩認証についても同様の危険性がある。ドコモの不正口座引き出しなどフィンテックのセキュリティの不備を突いた犯罪が取りざたされていますが、中国製アプリによる危険性にも、もっと注意が必要です。

中国のような超デジタル監視社会では、アプリ上で共産党を批判する動画は即刻削除されますが、他国の指導者を揶揄する動画はスルーされています。つまりプロパガンダのツールにも利用されているのです。

バイトダンスは「中国政府にユーザーデータを提供したことはなく、また要請されたとしても提供することはありません」と声明を出しましたが、「国家情報法」がある以上、拒めるはずがない。常識で考えればわかりますが、共産党のやり方は本人だけでなく、家族や親戚を拘束し、脅迫します。家族の命をかけてまで顧客の情報を守る人がいるのか、ということです。

同社はティックトックにバックドア（不正アクセスするための裏口）が仕掛けてあるという疑惑に対し、「バグ」だと釈明していますが詭弁です。

孔子学院も排除

20年8月13日、米国は孔子学院に対して外交使節登録を義務づけました。世界各国の大学内に中国政府の協力で設置されている孔子学院を、中国側は中国への理解と中国語教育の場としていますが、実態としてはスパイ工作施設であるという指摘がなされてきました。また、孔子学院を通じて、留学生を監視しているともいわれ、その実態に大きな懸念が出ていました。

すでに国防権限法で排除することが求められていましたが、追加の決定によりさらに活動が厳しくなります。

外国使節に登録義務づけられたことで、連邦資金などを得ている大学などは廃止に向けて動かざるをえなくなり、その活動内容と資金の動きを報告しなくてはいけなくなります。また、孔子学院に関わる人たちは、外交使節団の一員として、米国政府の許可が必要になり、単なる留学生などのビザでは米国内で活動できなくなります。

つまり、事実上の活動停止と排除命令ともいえるものです。また、それに伴い留学生の多くが、ビザの更新を認められなくなる可能性が高いといえます。すでに米国では留学生の多くのビザが単年度更新となっており、大学からの中国人留学生の排除も進むと思われます。

中国人研究者を追い出さなければ大学でＰＣが使えなくなる

さらに追い打ちをかけるように米国では中国人の移動の制限が本格化しています。すでに米国は、研究分野等のビザを5年から毎年更新に変更、米国は研究分野からの中国人の排除を始めていました。

そして、９月９日に、米国務省の報道官は中国人に発給した１０００件以上の査証（ビザ）を取り消したと発表しました。米教育機関には36万人の中国人が在籍しており、今回の措置はごく一部ですが、先端分野からの中国人研究者はほぼいなくなることになります。しかし、これは米国だけの問題ではありません。日本においても、米国大学との共同研究、米国原産技術を利用する研究においては、中国人研究者や学生の排除が必要になります。対応しなければ大学や企業等が米国原産技術の利用を禁止されることになるでしょう。仮に日本の大学が制裁対象となった場合、どのようなことが起こるかというと、大学でパソコンが使えなくなります。冗談のようですが、ＰＣはほとんど米国産の技術ですから。したがってスパイの可能性のある中国人留学生に対する対応を日本政府も早急にとらなくてはならないのです。

いずれにせよ、これにより、先端分野等の中国との共同研究や共同開発等は事実上、できなくなったと考えてよいのでしょう。

米国は現在、中国人民軍の支配下にある企業、大学等の指定を進めており、すでに多くがその対象に指定されています。その上で、中国は官民の垣根をなくしたと言及しており、すべての企業や大学がその対象に指定される可能性が高い状況にあります。現実問題として、中国は資本主義の国ではなく、企業は取締役会の上に中国共産党支部を作る必要があり、企業は共産党の指示で動いているわけです。大学も同様であり、共産党の支配下にある。この状況で民間を名乗るのは不可能であり、軍の関与を否定しても無意味です。まずは先端分野から、そして、基礎的技術にその制裁と中国人排除対象は広がることになるでしょう。

もっとも、日本政府もすでに動いていて、「経済安保」の観点から、大学への研究資金の審査や開示義務の指針を検討しています。たとえば文科省の調べによると、18年度は科学技術振興機構（ＪＳＴ）など政府系４機関の資金支援２６２１億円や、科学研究費補助金（科研費）１９６２億円が支給されていましたが、ここに中国など海外からの資金協力の有無、外国人研究者や留学生の詳細な研究歴の申告、流出防止策の整備などを条件とし、軍事転用可能な先端技術の海外流出を防ぐ方針です。

中国からの不正な資金を排除するマイナンバー

セキュリティ・クリアランス制度による「ヒト」の管理、クリーン・ネットワーク構想による「モノ」の管理、外為法改正による投資規制を強化しています。

日本では反対する勢力が強いマイナンバーですが、これには中国からの不正な資金の流れを抑え込み、管理を徹底する意味があるのです。また日本政府は行政のデジタル化の達成を２０２５年までに掲げていますが、その柱となるのもマイナンバーです。

この制度はもともとは国際社会からの要請に基づくものであり、マネーロンダリング防止や租税回避の防止、テロとの戦いへの対処のためのものでした。

国連配下テロ対策や、国際的な脱税や租税回避に対応するＦＡＴＦ（マネーロンダリングに関する金融活動作業部会）に日本も加盟していますが、そのＦＡＴＦが求める基準を満たすためのものがマイナンバーです。

日本には戸籍制度と住民票という二重管理の問題と、住民の管理が市町村単位で行われていることによる大きな問題がありました。管理が市町村単位で行われていることで、国として住民をきちんと管理できておらず、縦割り行政の弊害とともに、不正や社会保障の受給の障害になっていた。この代表とされるのが「宙に浮いた年金問題」であり、名前と住所での管理であったため、引っ越しや転職などで移動した住民を補足できていなかったのです。問題となっている複数市町村を利用した生活保護など社会保障の多重受給や補助金の不正もこれが原因なのです。

この制度の穴をふさぐのがマイナンバーであり、名前と住所に加え、ナンバーを付与することで、本人の完全な特定を可能にする制度と言っていいでしょう。この制度の運用が始まったことにより、確定申告や納税書類にナンバーが記載され、これにより個人の所得が明確になり、社会保障の不正受給など不正行為もわかるようになりました。21年3月からは、マイナンバーカードを保険証として利用可能となり、不正を防げます。

そして、この制度の対象は日本人だけではなく、３カ月以上滞在する外国人や銀行口座を持つ法人（企業や団体）に対しても適用されます。つまり、企業や団体間の資金のやりとりや外国人の不正就労なども把握可能になるわけです。たとえば外国人で言えば、観光ビザだけでは就労できない。そして、留学生等に関しては職種や就労時間の制限が設けられている。この制度が導入されることで不正な就労ができなくなるのです。当然、支払いが明確になることで脱税もできなくなります。

また、現在ＮＰＯやＮＧＯなどを利用した脱税や犯罪が行われている実態がありますが、これも資金の流れが明確化することにより難しくなりました。所得や収益があれば税申告が必要なのは、このような団体も同様であり、不正の実態も明確化することになるわけです。

輸出管理強化を提案する日本政府

マイナンバー改革で目指す主な施策としては、すでに決定した保険証機能のほかに、マイナンバーカード機能のスマホへの搭載、生体認証など暗証番号に依存しない仕組みの導入、マイナンバーと給付金の受け取りなどに活用する銀行口座との連動、運転免許証など各種免許・国家資格のマイナンバーカードとの一体化、政府が運営するサイト、マイナポータルを介した控除証明書などのデータ一括取得（2020年度内実施決定済み）、マイナンバーカード未取得者へのQRコード付き申請書の送付などが、予定されています。

マイナンバーをめぐっては、一部から国民総背番号制やプライバシーの侵害にあたるという批判もありますが、そういう次元の話ではありません。私からみれば、本人を特定されたくない脱税や生活保護や補助金の不正受給をしていたり、それに手をかしている人たちが騒いでいるように見えます。

それはともかく、日本政府が設置しようとしているデジタル庁についても、米国の中国排除に対応したものです。

米政府は2020年内の米国輸出管理改革法（ECRA）実施に向けて、米国輸出管理規則（EAR）の改定を進めています。軍事転用可能技術の輸出に関して、ワッセナー・アレンジメントを通じて、他国との協調を求めています。日本はそれに参加するだけでなく、反対に日本側からも積極的に輸出管理強化の枠組みに関して提案を検討しています。

数十カ国が参加する「ワッセナー・アレンジメント」では意思決定に時間がかかるた

め、新たに先端技術を持つ国に限って提携する枠組みを日本政府は提案する構えです。米国やドイツ、英国、オランダなどへの提案を検討し、２０２１年の実現を目指しています。規制対象で想定する先端技術も、軍事転用されると兵器や、暗号解読などの精度が大幅に高まる恐れがある①ＡＩ・機械学習②量子コンピューター③バイオ④極超音速の４分野と拡大します。

日本の場合、国内の抵抗が大きいので、米国や海外協調による外圧を利用するのが一番早いという面もあります。日米欧先進国の連動となれば、中国に味方する抵抗勢力や収益重視の企業も反対できないわけです。

コロナ禍、日本企業の苦境

内閣府が発表した7月の景気動向指数に基づく景気判断は12カ月連続で「悪化」を示し、リーマン・ショック時に最長だった11カ月を超え過去最悪となりました。

リーマンのときに低迷したのは外需と、金融危機による金融業の不振でしたがコロナでは輸出や生産に加え内需が急減しているのが特徴です。小売販売額は前年同月比で４月が

13・9%、5月が12・3%と二桁減です。ちなみにリーマン時はこれが最大でも5%だったので大きさがわかります。

自粛の影響が直撃している外食業界では1〜8月で538件と過去最多の倒産数で、そのうちコロナ関連が80件と業種別最多です。ホテル・旅館、アパレル小売業界の倒産がそれに続いています。

日本企業の苦境も次々に報道されています。

JR東日本と**JR西日本**は16日、2021年3月期通期の連結最終損益が1987年の国鉄民営化以降で最大の赤字になる見通しと発表しました。赤字額はJR東が4180億円（前期は1984億円の黒字）、JR西が2400億円（前期は893億円の黒字）となりました。JR東・西はコロナ収束後も鉄道利用は戻らないとみて、聖域だった終電時間を30分繰り上げることを決めました。

国内の自動車需要は2020年4〜6月期に前年同期比で68%と大きく落ち込み、日本電線工業会は自動車向けを中心に、建設・電線販売や電気機械など全部門で前年割れとなり、2020年度の銅電線の需要が前年度から1割減り、50年ぶりの低水準になるとの見通しを示しました。

また、東京ディズニーリゾートを運営するオリエンタルランドが、約4000人いる正社員と、嘱託社員の冬の賞与を7割削減することが明らかになりました。また、業務がないダンサーなど一部の契約社員には配置転換を要請し、合意できなければ退職などを促す措置をとるとのことです。

日本政府投資銀行による日産自動車への融資の一部に事実上政府保証がついていたことがわかりました。コロナ禍で海外ではすでに航空会社や自動車会社に政府支援が相次いでいましたが、日本でもこれが行われていたわけです。

政投銀の融資の原資は同じ政府系である日本政策金融公庫です。「危機対応融資」と呼ばれるもので、通常は政投銀が貸し倒れリスクを負います。1800億円の日産向け融資のうち、1300億円について、焦げ付いた場合に公庫が最大8割を肩代わりすることになっています。3月から7月末までに、政投銀が実行した1兆8827億円の危機対応融資のうち、公庫の保証付きは、今のところ大企業では日産のみのようですが、今後これが拡大する可能性がある。

当然、政府保証なので、万が一焦げ付いた場合は事実上の国民負担です。しかしこれはやむを得ない面もあって、民間金融機関の3メガバンクだけでは貸出が追い付かなくなっているからです。

手元資金を確保するため、日本企業の社債発行が高水準のペースで続いています。7月から9月10日まで発行された社債は前年同月比30％増の約3兆7000億円です。たとえば、オリエンタルランドや**ソフトバンク**は各1000億円、日産自動車と**セイコーエプソン**が700億円を起債しています。

世界経済も大停滞

コロナ問題は、世界的な金融再編を推し進めることになりそうです。世界的な景気悪化は銀行の不良債権の増加を招きます。そして、世界各国は大規模な量的緩和と公的融資等により、その影響を緩和しています。しかし、これはリスクの先延ばしでしかないわけです。経済が完全に再開されその落ち込みをカバーできる水準にならない限り、本質的解決に至りません。

国際労働機関（ＩＬＯ）によると、4～6月の世界の労働時間は昨年10月～12月と比べ14％減った。これはフルタイム労働者でいうと4億人分に相当するようです。

また、好調だったハイテク株も過熱から一転して調整場面が続いています。**テスラ株**が21％下げました。

ハイテク株は8月に急上昇しましたが、これはオプション取引における個別株オプションという商品の影響です。オプション取引というのは、ある特定の日に決められた価格で株式や、株価指数を売買できる権利（オプション）のことです。たとえば、「2020年12月の満期日までに、10000円で買う権利を500円という価格で買う」場合、満期日に株価が10500円以上になっていれば利益がでます。そして、この「500円」という値段が日々上下するのです。売る権利をプット、買う権利をコールといいます。今回の場合はコール・オプション（買う権利）が株高を演出しました。現物株の株価の上昇率以上の利益が得られ、短期の利ザヤを狙う個人投資家の売買が急増しました。コール・オプションの取引残高は、3月末に比べアップルが5割増、フェイスブックが2倍強に増えていたのです。

そして、ハイテク株の下落にともないハイテク株のオプションで大きな取引をしているとされるソフトバンクGの株が売られました。9日の東京市場では一時413円安（7％）の5432円まで下げ、6月以来の最安値をつけました（10月2日現在、6523円）。

ソフトバンクGの傘下であるビジョン・ファンドは未上場のハイテク株を多く保有していますが、ソフトバンクGが新規にはじめた上場株投資の先行き不透明感も敬遠されています。

コロナ後のピンチはチャンスになる

コロナで変化した生活様式は元に戻ることはないでしょう。たとえば、オフィスがその典型です。必要に迫られたリモートワークにより、オフィスがなくても多くの業務が成立することが明確化しました。営業などは固定のデスクと電話がなくても、リモートで対応できることがわかったのです。

そうなれば、経費削減のためのオフィスの縮小の動きが本格化する。そして、これはもう始まっています。3フロア借りていた事務所をワンフロアに集約し、経理や総務、会議室など必要なものだけにする。

この動きが継続することで、都心のオフィス需要は減少し、賃料の下落と物件価格の下落を導きます。

同時に毎日出勤しなくてよくなったことで、通勤時間を気にせず、居住地を選べるようにもなる。都心の狭いマンションから郊外の広い物件に転居しても、負担は少なく、必要な空間を得ることができる。ステイホームで、昼間自宅にいなかった人たちが自宅に滞在するようになり、リモートワーク用のスペースも含め、従来の住空間では狭さを感じた人も多いと思います。

プラス一部屋を郊外ならば容易に確保でき、同じ家賃、同じローンで戸建てを手に入れることも夢ではありません。二拠点生活や地方に移住する人も増えれば、東京の一極集中の解消にもつながります。

そして、爆買いを生んだインバウンド、外国からの観光客が従来の水準に戻るにはかなりの時間を要するし、あるいは不可能でしょう。コロナ問題を抱えるなかで海外からの自由な人の往来には無理があります。

逆にいえば、これまでがバブルだったのです。

9月のシルバーウィークの4連休でわかったことですが、国内の観光客で本来の観光ビジネスは成立するのです。外国人による「観光公害」が日本人観光客の減少を生んでいたことが白日のもとになりました。外国人向けではなく、きちんと日本人にむけての丁寧なビジネスを行うべきなのです。

同様の事態は世界中で起きているといえるでしょう。ここ数年、世界の観光地は中国人の観光客に占領されていた。逆に国内の人たちがそれを避けていたわけです。

このような生活様式の変化は、銀行ビジネスにも大きな影響を与えます。オフィス需要を見越した商業不動産債などはデフォルトする可能性が高まり、狭いワンルーム投資などの不良債権化も進みます。また、業種業態による勝ち組負け組の変化も発生します。そして、米中の関係悪化による影響もこれから増えてゆくものと思われます。

つまり、発想の転換が必要です。これはピンチであるとともに早い段階で対応できた人、企業にとっては非常に大きなチャンスでもあるわけです。

コンビニと商社が示す日本企業の強み

たとえば、日本で特異な発展を遂げたコンビニは、これまでも社会の変化に即して進化をしつづけています。深夜需要の受け皿となった24時間営業、ＡＴＭの設置、プライベートブランドの開発、共働き世帯、高齢者世帯への対応、東日本大震災のさいには、インフラの役割も果たしました。本部と店舗の軋轢《あつれき》、過剰出店などその限界も指摘され、コロナ禍にあって店舗数の増加が見込めないことが明らかになると、「ラストワンマイル」を制しスピード宅配に乗り出しました。ラストワンマイルとは店から消費者の自宅や職場まで物流の最終区間を指す言葉で、アマゾンもこれを重視した戦略をとっています。

セブン-イレブン・ジャパンはコンビニから消費者に商品を直接届けるスピード宅配でアマゾンに対抗します。

サービス開始当初は注文から最短で2時間の配送だが、将来的には30分での配送を目指すといいます。アマゾンもラストワンマイルを制するためにリアル店舗の拡充を急いでいるわけですが、コンビニ業界はすでにその強みを手中にしている。特にコロナ禍を機に世界的に宅配サービスが拡大しておりこれは商機になります。人材と送料が課題となりますが、セブンは現在のところ1回110～550円に設定し、3000円以上の買い物は無料とするようです。慢性的な配達員不足のため、人手の確保に合わせ宅配対応店舗を増やす。**ローソン**はすでにウーバーイーツを使って店舗からの宅配に乗り出しています。

まだ始まったばかりの試みにすぎませんが、日本企業が本気になれば、GAFAにも、そしてコロナ禍であっても闘える一例といえるでしょう。

また、世界的な米投資家であるウォーレン・バフェット氏が率いる米**バークシャー・ハサウェイ**は5大商社など日本株に投資したことが話題となりましたが、これも日本企業に対する評価の象徴的事例でしょう。

総合商社は先に述べたコンビニを子会社にしています。財閥系商社の**三菱商事**がローソンを子会社に、**伊藤忠**がファミリマートを完全子会社にしたほか、**三井物産**も**セブン&アイ・ホールディングス**と提携しています。これまで日本の総合商社の事業は多岐にわたるため独特で世界の投資家に理解しにくいとされてきましたが、バフェット氏が評価した理由をブルームバーグは以下の理由を挙げて解説しています。

（1）商社事業は多岐にわたるが、収入の大部分をエネルギーと資源というバークシャーが熟知する産業から得ている。

たとえば丸紅は、収入の90％余りを農業と金属、エネルギー、化学品で得ており、三菱商事は資源からが42％強、ほかの商社も同セクターに30％以上依存する。

（2）商社は世界で最も長い歴史をもつ業種の1つであり、良好な長期的見通しがある。事業を幅広く多様化させていることが一因で、近い将来に経営破綻する可能性は低い。三井物産と**住友商事**のルーツは17世紀にさかのぼり、三菱商事と伊藤忠は10

0年以上の歴史がある。

（3）商社は誠実で有能な人々が運営している。

一般的に商社は日本で一流の就職先として知られており、トップクラスの大学から優秀な人材を難なく集められる。キャリタスの実施した調査によると、2021年卒の就活生が選ぶ人気企業ランキング上位35位以内に5社は入っている。

（4）商社株は年初以来急落し極めて魅力的な価格で入手可能。ほとんどの銘柄で株価が純資産価値を下回っている。住友商事の株価純資産倍率（PBR）は最も割安の0・69倍。伊藤忠は1・2倍で、唯一1倍を上回っている。これに対し、日経平均株価のPBRは約1・8倍。

その当否はさておき、資源価格の下落とともに株価も低迷していた商社ですが、非資源分野への投資も進め安定的に稼ぐ力を強めていることも事実です。ジェフリーズ証券のアナリスト、ファム・タアインハ氏は「これらの商社は商社から持ち株会社へと進化しているため、株式保有から大部分の収益を生み出している」と指摘しています。

それに資源にしても、パンデミック後の景気回復によるエネルギー事業の拡大で恩恵を受ける可能性も高い。いずれにせよそうした日本企業が海外投資家に正当に評価されるというのは、日本経済にとって朗報でしょう。

NTTとドコモの合併は「6G」に向けた世界戦略

NTTがNTTドコモの全株取得を目指し4・2兆円という過去最高のTOBを発表したのも、通信のライバルではなく5Gとその先にある「6G」にむけてGAFAや中国企業と闘うための決断です。

NTTは6G時代の世界標準として「IOWN（アイオン）」を提唱しています。「NTTとソニー、インテルは2030年ごろ実用化が見込まれる次々世代の通信規格で連携すると発表した。光で作動する新しい原理の半導体開発などで協力するほか、1回の充電で1年持つスマートフォンなどの実現を目指す」（「日本経済新聞」19年10月31日）

基本的に6Gは5Gの上位互換であり、6Gから5Gへの接続はできますが、5Gから6Gへの接続はできません。つまり、早い段階で6Gの開発を完了し、規格化できれば5Gを飛ばして6Gまたは6Gに対応できる5・5Gが整備できる。したがって、中国と違う通信規格の通信網ができる可能性があるのです。

そうなれば、かつてのＣＤＭＡ方式のように、複数の通信規格が生まれ、米国など西側通信機器は中国などの５Ｇに接続できますが、逆は不可という状況を生み出せます。

一部の報道で日本企業は５Ｇで出遅れていると評価されていますが、そんなことはありません。通信分野はＢ to Ｃ（消費者向け）からＢ to Ｂ（事業者向け）にビジネスモデルの転換が行われたため、見えにくいですが、日本がいまだ高い優位性を持つ分野であり、日米の連携がしやすい分野でもあるのです。米国も技術は持つがハードウエア生産やネットワーク構築に関しては、日本に依存しなくてはいけない部分が多く、米国議会が求める５年以内の中国製通信機器排除は日本の協力無しでは不可能です。

まだ予断は許さないものの、すでにドコモなどは６Ｇの開発を進めており、これが西側世界のスタンダードになる可能性もあるのです。

スケジュールとしては、２０２５年までに５Ｇの上位互換であり、６Ｇへのつなぎとなる５・５Ｇの運用開始を目指しており、この規格の標準化作業は２０２３年が目途となります。次世代規格からは中国勢を徹底排除する模様であり、規格化に参加できなければ、システム開発はできません。そして、本命の６Ｇの目標は２０３０年、この規格の概要決定は５・５Ｇに合わせ２０２５年頃、最終決定は２０２７年頃になると予想されています。

結局、これまでなぜファーウェイが強かったかというと、5Gにおけるシステム構築を担っているファーウェイ、**ノキア**（フィンランド）、**エリクソン**（スウェーデン）の3陣営うち、基地局および端末生産まで一貫生産しているのは同社のみだったからです。このため、システムをセットで売れないために、新興国などに営業を掛けにくかったわけです。

そこで、6Gでは、通信事業者がアライアンス（同盟）を組んで、通信事業者のグループが主導する形でシステムと基地局側を飲み込む形で開発を進める予定です。これができれば、現在のファーウェイ同様にシステムをワンセットで世界各国に販売できる。6Gの実証実験に成功し、それを主導しているのがNTTドコモであり、米国との連携も進んでいるといえるのです。

NTTはさらにトヨタとスマート都市（次世代都市）の共同開発に向けて資本・業務提携すると発表しました（20年3月24日）。両社は約2000億円を相互に出資し、5Gを活用して自動車の移動データなどを収集、分析することで渋滞解消など都市効率化をはかる。

基本的に収集するデータはＧＡＦＡのように囲い込まない戦略で対抗し、データを提供することで他の参加企業を募っていく方針です。

ＮＴＴ社長の澤田純氏は、これまでの自社の独自仕様をメーカーに求めるカスタマイズ化をやめ、極力共通化することで国内の過当競争をやめメーカー側の競争力を高める方針への転換を呼び掛けていました（「日本経済新聞」3月26日）。作りやすさ、仲間作りが重要であるとし、ＧＡＦＡにできないことをやると言っているのです。

強い日本への転換期

世界有数の災害大国日本、そのような厳しい環境下にありながら、世界第3位の経済大国です。また、現存する世界最古の歴史を持つ国家でもあるわけです。わが国、日本の歴史は災害との闘いの歴史であり、それに打ち勝ってきた歴史でした。また、戦後復興に代表されるように、焼け野原から先進国に復活した脅威の歴史も持っています。今回のコロナ問題ですが疫病という災害です。日本は災害に打ち勝つノウハウを世界で最も持っている国でもあるわけです。これは歴史が証明しています。

今回のコロナ問題は、いまの日本を見直す上で非常に多くの教訓を与えてくれているのだと思います。外国への過度の依存、安全保障を無視した経済など、平和ボケ日本の悪い側面がはっきりしたわけです。ならば、それを直せばよいわけで、「カイゼン」の余地があるということになります。

いま、日本は転換期にきているのです。

あとがき　中国とのビジネスは終わった

２０２０年4月、日本政府は新型コロナウイルスの感染拡大を受けて、中国から製造拠点を移転する企業に対して、補助金を出すことを決めた。そして、補正予算に組み込む形でそれを実施した。第1期（6月末）に移転補助金を申請した企業は87社で総額５７４億円、第2期（7月末）では１６７０社で総額約1兆８０００億円の申し込みがあった。これは政府が予定していた予算金額２４００億円を大きく超えるものであり、中国からのエクソダス（大脱出）が始まったことを意味する。しかし、それは中国全体の進出企業全体1万３６００社（帝国データバンク調べ）からみれば、13％にすぎない。

そして問題はこの13％という数字をどう見るかということになる。たった13％なのか、それとも13％もの企業となるか。これに対して、中国共産党中央委員会の機関紙・人民日報は「在中国日系企業約3万５０００社（著者註：帝国データバンクの数字と倍以上開きがあるが、故意かどうかは不明）の５％にも満たない。普通の状況であれば、企業の５—10％

が経営環境や企業自身の状況のために、経営戦略を調整したりさらには中国市場から撤退したりするのは、ごく当たり前のことだ」としているが、その心中は穏やかではないだろう。

また、1兆8000億円という額も政府の想定を大きく超えるものであり、これが設備投資の費用という点も注目すべきである。今回の補助金は大企業や中小企業、そして、その業種業態などによっても補助率が違う。補助率2分の1から4分の3なので、実額ベースとして、2兆数千億円の事業ベースの金額ということになる。つまり、2兆数千億円分の設備が海外に移ることを意味するのである。そこから生み出される富の額はその数百倍以上ということになる。

それに対して、いまも中国に投資を続ける企業も存在する。その理由はさまざまであるが、一番の理由は、中国から資本の移動が難しいことにあるのだと思う。中国の場合、送金規制が存在し、中国から海外に資産の移転が難しい。このため、多くの企業は中国で稼いだ利益を中国に再投資するしかない。その資産は、バランスシートに資産としてしっかりと計上されている。また、中国事業の廃止や撤退をする場合、事実上、その資産を放棄することが求められており、それは全損することになるだろう。つまり、撤退すれば帳簿に大きな穴があくことになる。そして、それは撤退を決めた経営陣の責任になってしまうのだ。だから、責任を取りたくない経営陣にとって、先送りが一番の解なのである。

しかし、これは許されないときがやってきた。米国は新ＣＯＣＯＭを施行しようとしており、中国に先端技術など機微技術を渡す企業の制裁を開始した。ファーウェイ問題がその典型だが、日本企業もそれに逆らうことはできない。また、中国側も同様の制度を作り、中国国内で開発された技術の輸出を禁じ、米国に味方した企業への制裁を科そうとしている。米国に従えば中国から制裁され、中国に従えば米国に制裁されることになるのだ。

また、従業員の安全も大きな問題である。中国は香港国家安全維持法により、中国の国家の分断などに加担した人や企業への制裁を決めた。そして、これは国内のみならず、国外にも適用される。つまり、日本で日本企業やその役員などが、香港問題やウイグル問題など人権問題に関する発言を行った場合、中国の制裁対象となりうるわけだ。そして、それにはＳＮＳなどのインターネットでの発言も含まれる。また、台湾と連携する企業や訪問する人物に対しても制裁の意思を示しており、いつだれが制裁を受けるかわからない状態なのである。中国の場合、国家の上に共産党が存在し、共産党が法である。共産党の意思にさからっただけで、制裁され投獄されるリスクがあるのだ。

これでは従業員の安全は守れない。そもそも論だが、日本政府は外国で生活する邦人を保護できない。自国民の安全を守ること（邦人保護）、これは国家の責務である。そして、それは外国に暮らしていても同様である。しかし、日本は軍隊を持たず、事実上、邦人保護ができない状態にある。米国と連携すればできなくもないが、米国は日本企業や日本人だけのためには動かない。

そのようななかで日本企業の国外への進出ができたのは、米国による覇権のお陰であり、グローバリズムの恩恵であった。東西冷戦終結により中国、ロシアを中心とした旧東側勢力は自由主義社会に参入した。そのときの条件がグローバルスタンダードの厳守であり、米国ルールを守ることであった。そして、米国は圧倒的な軍事力とドル支配を中心とした経済支配力でそれを守らせてきたわけだ。しかし、現在の中国はこれを守らないと宣言している。香港の一国二制度がその典型であるが、国際社会への大きな約束すら守る気がないのである。これでは従業員の安全すら守れない。

国家が最も守るべきものは国民の生命と安全である。企業も同様で社員の生命と安全を守ることが最優先課題である。その上で、健全な企業活動と社会への責任を果たす必要がある。いまの中国とビジネスすることはこれに反する行為だといえよう。

また、国家が経済的に守るべきものは、国民の雇用であって、日本企業の利益や海外で働く外国人従業員ではない。日本企業が海外でモノを生産しても、それは外国のGDPを押し上げるだけで日本のGDPには寄与しない。また、日本の事業を守ることは重要だが、企業の海外事業は保護の対象外であるといえる。たとえば、企業倒産を防止するために税を投入したとしよう。それが日本の事業だけに利用されるならよいが、ほとんどが海外に流れてしまうのであれば税の無駄遣いであり、国民に対する背任といえるであろう。それで国内経済や国民の雇用が守られないからである。

そのような企業は一旦、会社更生法などで債務を整理し、海外事業を売却させ、国内の再生だけに税を投入すべきだと言えよう。そうすれば税は国内産業と雇用を守るという目的に合致した形で利用されることになるのだ。極論のように聞こえるかもしれないが、これは至極当然の話であり、アメリカでのコロナ補助金の議論でも出てきている話である。

また、実際にリーマン・ブラザーズ破綻の際にとられた手法でもある。各事業展開エリア別にばら売りされ、それぞれが別会社に吸収されていった。これは自ら中国事業を清算しない（できない）企業の1つの未来の姿になるかもしれない。

もう、これ以上中国でビジネスはできない。それが私の導き出した答えである。

渡邉哲也

掲載中国企業リスト

BYD（比亜迪汽車）
CATL（寧徳時代新能源科技）
CCCC（中国交通建設）
ChangXin Memory（旧Innotron Memory）
CITIC（中国中信集団公司）
CloudMinds（達闥科技）
CNPC（中国石油天然気集団）
Midea（中国美的集団）
NACKS（南通中遠川崎船舶工程）
SMIC（中芯国際集成電路製造）
ZTE（中興通訊）
アイフライテック（科大訊飛）
アリババ集団
欣旺達電動汽車電池
ケムチャイナ（中国化工集団）
康師傅方便食品投資
広州海格通信集団
広州汽車集団
コスコ・グループ（中国遠洋海運集団）
山東黄金集団
山東如意科技集団
紫光集団（ユニグループ）
シノバック・バイオテック（科興控股生物技術）
シノファーム（中国医薬集団）
上海エナジー
センスタイム（商湯科技）
ダーファ・テクノロジー（浙江大華技術）
第一汽車集団
中国航天科技集団
中国五砿集団
チーフサンロクマル（奇虎360）
長江ストレージ
滴滴出行
テンセント
東風汽車集団
ハイクビジョン（杭州海康威視数字技術）
ハイテラ（海能達通信）
バイドゥ（百度）
ファーウェイ（華為技術）
メグビー（曠視科技）
レノボ

香港

蘋果日報（アップル・デイリー）

台湾

MediaTek
TSMC（台湾積体電路製造）
UMC（台湾聯華電子）
イノテラ・メモリーズ（台湾華亜科技）
ホンハイ（鴻海精密工業）

韓国

SKハイニックス
サムスン電子

●著者略歴
渡邉哲也（わたなべ・てつや）
作家・経済評論家。1969年生まれ。
日本大学法学部経営法学科卒業。貿易会社に勤務した後、独立。複数の企業運営などに携わる。大手掲示板での欧米経済、韓国経済などの評論が話題となり、2009年『本当にヤバイ！欧州経済』（彩図社）を出版、欧州危機を警告しベストセラーになる。内外の経済・政治情勢のリサーチや分析に定評があり、さまざまな政策立案の支援から、雑誌の企画・監修まで幅広く活動を行っている。
主な著書に『米中決戦後の世界地図 日本再興が始まる』『安倍以後の日本』（徳間書店）、『コロナ大恐慌 中国を世界が排除する』『世界は沈没し日本が躍動する』（ビジネス社）ほか多数。

公式HP　http://www.watanabetetsuya.info/
人気経済ブログ「代表戸締役◆jJEom8Ii3E の妄言」
人気メルマガ渡邉哲也の今世界で何が起きているのか
http://foomii.com/00049　を運営している。
連絡先はinfo@watanabetetsuya.info

冷戦大恐慌　どうなる世界経済

2020年11月１日　　第１刷発行

著　者　渡邉哲也
発行者　唐津　隆
発行所　株式会社ビジネス社
〒162-0805　東京都新宿区矢来町114番地
神楽坂高橋ビル５階
電話 03(5227)1602　FAX 03(5227)1603
http://www.business-sha.co.jp

カバー印刷・本文印刷・製本/半七写真印刷工業株式会社
〈カバーデザイン〉大谷昌稔　〈本文DTP〉メディアネット
〈編集担当〉佐藤春生　〈営業担当〉山口健志

ISBN978-4-8284-2225-1

ビジネス社の本

定価　本体1300円＋税
ISBN978-4-8284-2159-9

世界は沈没し日本が躍動する
最強の日本繁栄論

渡邉哲也／日下公人……著

日本人は「江戸」に学べ！
◎中国人に信用できる人物はいない
◎統計は信用できない
◎世界はいまだに「戦国時代」レベル
◎日本の幸福度は数字では表せない

本書の内容

序　章　沈没する世界、日本の躍動が始まる
第一章　常識を疑う世界の見方
第二章　立派だった戦前の日本人
第三章　日本は世界よりも江戸から学べ
第四章　日本人への遺言、世界は日本を見習うようになる